Caminhos para a
inclusão

Sobre os autores

José Pacheco. Mestre. Escola da Ponte, Portugal.
Rósa Eggertsdóttir. Doutora. Universidade de Akureyri, Islândia.
Gretar L. Marinósson. Doutor. Universidade de Reykjavik, Islândia.

Co-autores

Carles Sigales. Professor da Universidade Aberta da Catalunia.
Marianne Wilhelm. Professora da Pädagogische Akademie des Bundes in Wien, coordenadora da equipe austríaca.
Ingibjorg Audunsdottir. Consultora de educação especial, Akureyri, Universidade de Akureyri Research Institute, coordenadora.
Halldora Haraldsdottir. Diretora da Giljaskóli Compulsory School, Akureyri.
Thora Bjork Jonsdottir. Consultora de desenvolvimento escolar, Skagafjördur.

P116c   Caminhos para a inclusão : um guia para o aprimoramento da equipe escolar / José Pacheco ... [et al.]. – Porto Alegre : Artmed, 2007.
232 p. : il. ; 23 cm.

ISBN 978-85-363-0757-2

1. Educação inclusiva. I. Pacheco, José.

CDU 376

Catalogação na publicação: Júlia Angst Coelho – CRB 10/1712

José Pacheco
Rósa Eggertsdóttir
Gretar L. Marinósson
Carles Sigales
Marianne Wilhelm
Ingibjorg Audunsdottir
Halldora Haraldsdottir
Thora Bjork Jonsdottir

Caminhos para a inclusão

um guia para o aprimoramento da equipe escolar

Tradução:
Gisele Klein

Consultoria, supervisão e revisão técnica desta edição:
Maria Amelia Almeida
Ph.D. em Educação Especial pela Vanderbilt University (EUA)
Pós-doutorado em Educação Especial pela University of Georgia (EUA)
Docente e pequisadora na área de Educação Especial da
Universidade Federal de São Carlos, São Paulo

Reimpressão 2021

artmed®

2007

© Artmed Editora S.A., 2007

Capa: *Gustavo Demarchi*

Preparação do original: *Alexandre Muller Ribeiro*

Leitura final: *Rubia Minozzo*

Supervisão editorial: *Mônica Ballejo Canto*

Editoração eletrônica: *Formato Artes Gráficas*

> Originalmente, esta obra era acompanhada por um CD-ROM. Nesta reimpressão, optamos por disponibilizar o conteúdo em nosso *site*. Acesse o *link* Material Complementar na página do livro em loja.grupoa.com.br e assista ao vídeo.

Reservados todos os direitos de publicação, em língua portuguesa, à
ARTMED® EDITORA S.A.
Av. Jerônimo de Ornelas, 670 - Santana
90040-340 Porto Alegre RS
Fone (51) 3027-7000   Fax (51) 3027-7070

É proibida a duplicação ou reprodução deste volume, no todo ou em parte,
sob quaisquer formas ou por quaisquer meios (eletrônico, mecânico, gravação,
fotocópia, distribuição na Web e outros), sem permissão expressa da Editora.

SÃO PAULO
Av. Angélica, 1091 - Higienópolis
01227-100 São Paulo SP
Fone (11) 3665-1100   Fax (11) 3667-1333

SAC 0800 703-3444

IMPRESSO NO BRASIL
PRINTED IN BRAZIL

Agradecimentos

Agradecemos muito a vários indivíduos, grupos e instituições por sua colaboração e contribuição à pesquisa e a esse material para o aprimoramento da equipe escolar:

À Comunidade Européia
Diretor Geral XXII – Educação, Treinamento e Juventude. Programa Leonardo da Vinci.

Na Islândia
Allyson Macdonald, ex-diretor da Unidade de Apoio e Desenvolvimento Escolar de Skagafjördur.
Björg Birgisdóttir, tradutora, Akureyri.
Fjóla Kristín Helgadóttir, professora, Oddeyrarskóli, Akureyri.
Helga Ragnheidur Gunnlaugsdóttir, professora, Lundaskóli, Akureyri.
Hördur Ólafsson, ex-diretor, Lundarskóli, Akureyri.
Jón Baldvin Hannesson, ex-diretor de Skólathjónusta Eythings, Akureyri.
Sigrídur Víkingsdóttir, professora, Giljaskóli, Akureyri.
Thórunn Bergsdóttir, diretora, Lundarskóli, Akureyri.
Cidade de Akureyri
Framkvæmdasjódur Fatladra (Fundo de Equalização para os Municípios)
Menntamálaráduneytid (Ministério da Cultura e da Educação)
Minningarsjódur Heidar Baldrusdóttur (Fundo Memorial HB)
Rannsóknarstofnun Háskólans á Akureyri (Instituto de Pesquisa da Universidade de Akureyri)
Ríkisútvarpid – Sjónvarp (empresa estatal de televisão)
Sjódur Odds Ólafssonar (fundo memorial OÓ)
Skólathjónusta Eythings (Serviço Escolar para o Distrito Nordeste)
Throskahjálp á Nordurlandi Eystra (Associação para os deficientes mentais: Distrito Nordeste)

Em Portugal

Ana Moreira, professora, Escola da Ponte
Steve Stoer, professor universitário, Faculdade de Psicologia e de Ciências da Educação da Universidade do Porto
A equipe de ensino da Escola da Ponte
Instituto de Inovação Educacional, Lisboa

Na Espanha

Berta Faro, diretora, Pré-escola e Escola Fundamental Fortià Solà (CEIP)
Montserrat Vilageliu, vice-diretora, Fortià Solà CEIP
Enriqueta Illamola, diretora, Josep M. Xandri CEIP
Montserrat Cuní, vice-diretora, Josep M. Xandri CEIP
Teresa Ulldemolins, diretora, Francesc Aldea CEIP
Carme Soler, vice-diretora, Francesc Aldea CEIP
Mercè Massip. Psicóloga educacional, Equipe de Avaliação Psicopedagógica (EAP), Terrassa
Núria Tarré, Psicóloga educacional, EAP, Osona
Robert Isas, Psicólogo educacional, EAP, Osona
A equipe escolar e os alunos de Fortià Solà CEIP em Torelló
Josep M. Xandri CEIP, em Sant Pere de Torelló
Francesc Aldea CEIP, em Terrassa
O Serviço de Gerenciamento de Programas do Departamento da Educação
Dr. Climent Giné, vice-diretor da Faculdade de Psicologia e Ciências Educacionais na Ramon Llull University
Governo da Catalunha. Departamento da Educação
Glòria Pujol, secretária dos Estudos de Psicologia e de Ciências Educacionais na Universidade Aberta da Catalunha.

Prefácio

O propósito desta obra para o aprimoramento da equipe escolar é distribuir aos professores, aos pais e aos serviços de apoio elementos de práticas bem-sucedidas de educação escolar inclusiva. Ele foi produzido durante os anos de 1998 a 2001 por uma equipe colaborativa da Áustria, da Islândia, de Portugal e da Espanha como parte do projeto Leonardo da Vinci denominado "Melhoramento da Habilidade dos Professores quanto à Inclusão" (em inglês, ETAI). Baseia-se em vários estudos de casos de esforços bem-sucedidos direcionados à educação inclusiva em escolas obrigatórias nos quatro países.

Este livro está dividido em três partes. A primeira parte introduz o conceito do projeto ETAI e a metodologia em que a pesquisa se baseou. A segunda parte discute os resultados em 10 capítulos. Cada capítulo apresenta os principais resultados para o tema correspondente de todos os casos e reúne esses em um resumo com sugestões úteis para o trabalho escolar. Essa parte termina com uma pequena discussão sobre as implicações gerais do estudo.

A terceira parte contém o *Guia para o aprimoramento da equipe escolar*. É dividida em nove capítulos correspondentes aos temas dos estudos de casos.

Cada capítulo contém objetivos, um resumo dos resultados do estudo, sugestões para a implementação no trabalho escolar, atividades de treinamento e uma pequena lista de leituras recomendadas relacionadas ao conteúdo. O vídeo, disponível no *link* do livro em loja.grupoa.com.br, tem o propósito de introduzir vários aspectos da inclusão. Baseia-se em estudos de casos e proporciona algum *insight* sobre os pontos de vista dos participantes da pesquisa, entre eles alunos, pais, professores e especialistas nos serviços de apoio.

O livro é projetado para ser usado em sessões de grupo regulares nas escolas dirigidas por um consultor, um professor ou alguém familiarizado com o material. Cada parte e cada capítulo pode ser usado independentemente como material de discussão para o trabalho de desenvolvimento da equipe docente, para grupos de pais e especialistas nos serviços de apoio. De forma conjunta, o material pode constituir-se em um programa de educação contínua extensiva para o quadro de pessoal de escolas que trabalham para uma educação inclusiva.

José Pacheco
Rósa Eggertsdóttir
Gretar L. Marinósson

Sumário

Primeira Parte
UM PREÂMBULO

INTRODUÇÃO 13
   O processo de trabalho 13
   Educação inclusiva 14
   Métodos de pesquisa 16
   Escolas no estudo 19
   Resumo 23

Segunda Parte
O ESTUDO ETAI: INTERPRETAÇÕES E CONCLUSÕES

1 Preparação para a educação escolar 27
2 Planejamento curricular 32
3 Prática em sala de aula 37
4 Colaboração e coordenação 45
5 Interação social dos alunos 51
6 Colaboração lar-escola 56
7 Avaliação e preparação 60
8 Serviços de apoio 65
9 Desenvolvimento de pessoal 70
10 Algumas implicações do estudo 76

Terceira Parte
GUIA PARA O APRIMORAMENTO DA EQUIPE ESCOLAR

11 Preparação para a educação escolar	81
12 Planejamento curricular	96
13 Prática em sala de aula	113
14 Colaboração e coordenação	128
15 Interação social dos alunos	146
16 Colaboração lar-escola	161
17 Avaliação e reflexão	177
18 Serviços de apoio	195
19 Desenvolvimento de pessoal	209
Referências	227

PRIMEIRA PARTE
UM PREÂMBULO

Introdução

O propósito do projeto Melhoramento da Habilidade dos Professores quanto à Inclusão (ETAI) é contribuir para as habilidades dos professores de escolas integradoras quanto às práticas de educação inclusiva. Com essa finalidade, foram feitos estudos de casos de várias escolas em quatro países europeus durante os anos de 1998 a 2001. Os resultados foram então usados como base para criar material para desenvolvimento escolar ou do quadro de pessoal para professores em práticas inclusivas. As escolas escolhidas para os estudos de casos representavam todas esforços direcionados a práticas exemplares de educação inclusiva em seus países: Áustria, Islândia, Portugal e Espanha (Catalunha). Este documento apresenta as conclusões e as implicações dos estudos de casos e o conseqüente manual para o aprimoramento da equipe escolar.

O PROCESSO DE TRABALHO

O projeto foi realizado em três fases.
- **Pesquisa sobre educação inclusiva nos quatro países**

A pesquisa foi realizada na forma de estudos de casos em cada um dos quatro países. Uma análise dos dados permitiu aos pesquisadores identificar questões importantes que contribuíram para uma experiência de inclusão bem-sucedida. Vários temas importantes, resultantes desses dados, foram sincronizados entre os estudos de casos. A pesquisa foi realizada pela equipe do projeto em cada país.
- **Comparação dos resultados dos quatro países**

Nesse estágio, os resultados dos quatro estudos de casos foram comparados entre si dentro dos temas estabelecidos e registrados como um relatório de formato acordado. Isso foi feito para cada categoria por uma equipe, após uma discussão extensiva feita por representantes das equipes dos quatro países. As conclusões foram, então, reunidas em um relatório sobre o estudo.

- **Criação de um guia e de um vídeo***

As conclusões foram usadas como base para escrever um guia sobre práticas úteis para a educação escolar inclusiva. O guia inclui nove capítulos, um sobre cada questão ou tema. Cada capítulo divide-se em duas partes: as diretrizes gerais sobre a questão em discussão e as atividades para professores, especialistas e pais que trabalham juntos para melhorar suas práticas. Além disso, um vídeo foi criado para apresentar o projeto e motivar usuários prospectivos. A intenção é que cada equipe de cada país tenha o material traduzido em seu respectivo idioma.

EDUCAÇÃO INCLUSIVA

O termo "educação inclusiva" cobre variadas tentativas de atender à diversidade total das necessidades educacionais dos alunos nas escolas de um bairro. Há uma considerável variedade no modo como as pessoas definem esse fenômeno. No final do espectro, uma escola ou um sistema escolar aceita todos alunos nas escolas integradoras, independentemente do fato se encontrarem nas que são integradoras ou em turmas especiais; no outro extremo, todos os alunos são educados de forma conjunta nas classes integradoras no bairro de sua escola. Um sistema educacional que fornece inclusão total baseia-se em algumas ou em todas as seguintes crenças e princípios:

> Todas as crianças conseguem aprender; todas as crianças freqüentam classes regulares adequadas à sua idade em suas escolas locais, [...] recebem programas educativos adequados, [...] recebem um currículo relevante às suas necessidades, [...] participam de atividades co-curriculares e extracurriculares, [e] beneficiam-se da cooperação e da colaboração entre seus lares, sua escola e sua comunidade. (Brunswick, 1994; ver também Porter e Richler, 1991)

Isso deve ser conseguido por meio de um ambiente de aprendizagem escolar que tenha altas expectativas dos alunos, que seja seguro, acolhedor e agradável. Em tal cultura, a administração da escola encoraja práticas inovadoras, e o planejamento é feito de forma colaborativa entre o pessoal e os alunos, com o apoio de consultores externos. Promove-se a responsabilidade social entre os alunos e o sistema como um todo, assim como as escolas,

---

* N. de R. Disponível no *link* do livro em loja.grupoa.com.br.

individualmente, reportam-se aos pais, à comunidade e ao Departamento de Educação (Brunswick, 1994). Para uma educação escolar inclusiva bem-sucedida, Thomas e colaboradores (1998) recomendam que se atente às seguintes recomendações: coordenação de serviços, colaboração do pessoal, sistemas financeiros que redirecionam fundos a partir de um aprovisionamento segregacionista para um inclusivo, ação positiva na promoção de relações sociais e comprometimento com a freqüência escolar no bairro de todas as crianças. Da mesma forma, Giangreco (1997) ressalta o trabalho colaborativo em equipes, desenvolvendo uma estrutura compartilhada, envolvendo famílias, o domínio geral do educador, relações claras sobre os papéis entre os profissionais, uso efetivo do pessoal de apoio, determinação dos serviços de apoio, desenvolvimento de planos educacionais individualizados significativos e avaliação da eficiência da educação.

Outros ainda ressaltam a liderança visionária, a avaliação reconsiderada, as adaptações curriculares e as práticas instrucionais efetivas (Lipsky e Gartner, 1998). O movimento em direção à educação inclusiva tem ganhado cada vez mais força desde a metade dos anos de 1980 (Gartner e Lipsky, 1987) e tem sido chamada de um dos principais movimentos reformistas na escola do século XX (Zollers et al., 1999).

Como resposta à diversidade de alunos, a educação inclusiva tornou-se uma política aceita internacionalmente. As iniciativas feitas pela União Européia, pelas Nações Unidas, pela Unesco, pelo Banco Mundial e por organizações não-governamentais contribuíram para um crescente consenso de que todas as crianças têm o direito a ser educadas em escolas integradoras, independentemente de suas deficiências ou de suas necessidades educacionais especiais (Unesco, 1995; Europa, 1998). O princípio no qual a educação inclusiva baseia-se foi considerado pela primeira vez como lei na Dinamarca, em 1969, e nos Estados Unidos, em 1975. Desde então, a educação inclusiva evoluiu como um movimento de desafio às políticas e práticas segregacionistas de educação e obteve ímpeto na Europa nos anos de 1990.

A educação inclusiva tem sido discutida em termos de justiça social, pedagogia, reforma escolar e melhorias nos programas. No que tange à justiça social, ela se relaciona aos valores de igualdade e de aceitação. As práticas pedagógicas em uma escola inclusiva precisam refletir uma abordagem mais diversificada, flexível e colaborativa do que em uma escola tradicional. A inclusão pressupõe que a escola se ajuste a todas crianças que desejam matricular-se em sua localidade, em vez de esperar que uma determinada criança com necessidades especiais se ajuste à escola (integração). De acordo com a declaração de Salamanca sobre necessidades educacionais especiais, "aquelas que possuem necessidades educacionais especiais devem ter acesso à escola normal, a qual deve acomodá-las dentro de uma pedagogia centrada na criança capaz de atender às suas necessidades" (Unesco, 1995).

As escolas nesse estudo do projeto ETAI demonstram versões variadas de uma pedagogia centrada na criança, mas com alguns elementos em comum. Entre esses, pode estar um certo grau de instrução individualizada, uma visão holística do indivíduo e uma compreensão sobre a aprendizagem significativa como um processo social, em que os pontos fortes e a competência de cada criança são trabalhados.

Foi destacado que a popularidade da noção de inclusão deve-se ao fato de que ela ressoa com idéias de inclusão em um contexto mais amplo, na sociedade e em um mundo onde todos têm um interesse e ninguém é excluído (Thomas, 1997, p.103). Relaciona-se com a igualdade e a luta contra a exclusão social de grupos marginalizados em larga escala, seja por motivos culturais ou por outro tipo de contexto social. Aplica-se, por exemplo, a grupos étnicos, grupos de crenças diferentes, grupos de gênero e grupos de desempregados. Dessa forma, a inclusão social tem um valor político mais amplo do que a educação inclusiva, tendo sido desenvolvida como uma concepção e um valor político alternativos para combater o domínio dos valores do mercado nos anos de 1980 e início dos anos de 1990 (Lunt e Norwich, 1999, p.23). A crescente globalização das informações, dos negócios e da cultura enfatiza a importância de tal discurso. Quando esse significado mais amplo de inclusão for reconhecido, as escolas precisarão preparar seus alunos para uma maior aceitação da diversidade humana em geral. Alguns autores que escrevem sobre educação defendem uma teoria da educação especial resultante das sociedades inclusivas (Ferguson, 1996; Bayliss, 1998).

MÉTODOS DE PESQUISA

Vários estudos de casos foram escolhidos como método de pesquisa para este projeto. Dessa forma, foi possível aprofundar o conhecimento de uma realidade tão complexa quanto à das escolas e identificar o que foi considerado relevante para tornar a inclusão um processo bem-sucedido. Foi dada prioridade a uma compreensão de como as escolas operavam, concentrando-se nos pensamentos, nas ações e nas relações dos envolvidos.

O processo de seleção de escolas para o estudo tomou formas diferentes nos quatro países. Na Islândia, onde o projeto se originou, a escola recebeu o Prêmio de Ouro Helios II por seu trabalho exemplar na educação inclusiva em 1996. Considerou-se importante analisar essa contribuição mais de perto para os outros aprenderem com ela. Na Áustria, a escola selecionada fazia parte de um instituto para educação de docentes e para o desenvolvimento de práticas inclusivas baseadas em teorias progressistas sobre educação. Em Portugal, a escola escolhida tinha sido reconhecida durante 25 anos como a pioneira no país em práticas inclusivas. Na Espanha, as três escolas selecionadas tinham estado envolvidas em um projeto da Universidade Aberta da Catalunha, "Em direção a uma escola efetiva para todos os alunos", que foi promovido pela Autoridade Educacional da Catalunha e realizado sob o patrocínio da Unesco e a supervisão do Dr. Mel Ainscow, do Instituto de Educação de Cambridge, na Inglaterra. Assim, cada país selecionou seu(s) caso(s) sob critérios que diferiam em muitos aspectos daqueles dos outros países participantes.

A coleta de dados foi realizada usando-se três métodos diferentes: observação em sala de aula e em outras escolas, análise de documentos e entrevistas com membros da comunidade escolar.

Observações em sala de aula

Para as observações e as gravações em vídeo, as escolas escolheram grupos que tinham alunos com algum tipo de necessidade educacional especial. As observações cobriram uma ampla amostragem da vida diária, como sessões completas de aulas que contemplavam atividades inclusivas. Elas foram escolhidas independentemente do assunto ou da fase da lição (introdução, consolidação e avaliação). O grau de participação dos observadores no contexto observado variou conforme o caso.

As observações em sala de aula seguiram um protocolo semi-estruturado, com uma série de categorias que incluíram as diferentes situações de uma lição comum. Esses protocolos, que foram usados em diversos graus nos quatro países participantes, tinham certos elementos em comum:
- situação dos alunos com necessidades especiais;
- agrupamento de alunos: como em uma turma, em pequenos grupos, ou como indivíduos;
- áreas ou conteúdo temático sendo estudado;
- avaliação das atividades dos professores;
- interação formal entre o professor e os alunos e entre os próprios alunos;
- interação informal entre o professor e os alunos e entre os próprios alunos.

À medida que a observação progrediu, a atenção se concentrou em certos indivíduos, como professores, profissionais de apoio e alunos com necessidades educacionais especiais; no tipo de interação estabelecido entre eles; na organização desenvolvida para realizar determinadas práticas que promovam a inclusão; no tipo de materiais usados nessas atividades e no papel dos serviços de apoio.

As observações foram feitas seguindo um sistema de estilo narrativo que, em uma análise subseqüente, tornou possível a obtenção de descrições detalhadas do processo e dos padrões de ensino que poderiam ser aplicados a situações específicas. Os registros das observações usados foram minimamente estruturados a fim de permitir o apontamento de notas cronológicas dos eventos observados durante todas as sessões. Os dados foram, então, classificados, analisados e comparados (triangulados) com a documentação e, finalmente, com as entrevistas para produzir um relatório para cada caso.

Dependendo do país, as gravações em vídeo foram feitas antes do início do processo de observação em sala de aula ou enquanto a sessão estava em andamento. Imagens foram coletadas com o mesmo propósito dos registros de observação, ou seja, as situações de ensino e aprendizagem atuais da forma mais abrangente possível, a fim de se concentrar em e identificar as áreas que os pesquisadores consideraram favoráveis à inclusão. As gravações complementaram as anotações sobre observações feitas na mesma sessão ou em sessões prévias.

Análise de documentos

Foi solicitado às escolas que providenciassem pesquisadores com todos documentos públicos, formais e informais, disponíveis que pudessem conter informações de interesse para o projeto. O propósito não foi obter uma visão geral e extensiva das características e da organização educacional das escolas, mas concentrar-se em questões relevantes. A equipe de pesquisa leu e analisou documentos de natureza oficial, planos de ensino, horários, registros individuais de alunos, registros de aulas, anotações sobre ensino, planilhas, material curricular, programas de adaptação curricular, relatórios de avaliação e relatórios sobre serviços de apoio, só para citar alguns.

Entrevistas

Após as observações e a análise de documentos, uma série de entrevistas foi conduzida com as diferentes pessoas envolvidas no processo educativo, tanto dentro quanto fora da escola: alunos, professores, gestores escolares, conselheiros, pessoal de apoio, profissionais de fora dos serviços de apoio, pais e autoridades educacionais. Os indivíduos cujo papel foi considerado essencial para o desenvolvimento de práticas inclusivas em cada escola foram selecionados.

Vários protocolos de entrevistas semi-estruturados, usando perguntas abertas, foram preparados para complementar as informações obtidas durante o processo de observação e a análise de documentos. Cada entrevista durou aproximadamente 45 minutos e foi gravada em fitas cassete. Mais tarde, elas foram transcritas a fim de analisar os dados, o que foi realizado por meio de codificação, classificação de questões e identificação de padrões significativos.

ESCOLAS NO ESTUDO

As escolas envolvidas não tinham uma vantagem particular sobre outras escolas em sua área em relação a recursos. Todas atendiam crianças da escola fundamental, mas variavam em relação à faixa etária dos alunos. As escolas espanholas chegavam até a pré-escola e as escolas portuguesas até a idade da escola de nível médio. Elas também variavam bastante em relação à população atendida. A turma austríaca foi colocada dentro de uma instituição para treinamento de professores, a escola islandesa atendia a uma comunidade relativamente afluente, a escola portuguesa matriculava alguns alunos de fora de sua área normal de abrangência e, nas escolas espanholas, muitos dos alunos sofriam de condições sociais adversas.

Áustria

A história da inclusão na Áustria é relativamente curta. A onda do movimento integracionista, em que os pais fizeram campanha para a integração de crianças com deficiências nas escolas integradoras, chegou à Áustria pela primeira vez nos anos de 1980. Com uma emenda de lei sobre a regulamentação para a organização escolar em 1993, as crianças com necessidades educacionais especiais foram matriculadas em escolas públicas gerais. Desde então, os pais de crianças com necessidades especiais têm o direito de mandar seus filhos para uma classe inclusiva. As crianças nas classes inclusivas ficam sob o cuidado conjunto de um professor geral de escola fundamental e de um professor de alunos com necessidades especiais.

A classe inclusiva é encontrada na Faculdade Federal de Educação, em Viena, e é uma instituição para treinamento de professores. Dessa forma, a classe é o foco da educação do professor, assim como um projeto pioneiro para integrar crianças com deficiências auditivas em uma escola integradora. A classe estudada incluía 16 crianças com audição perfeita mais 4 alunos com deficiência auditiva, que anteriormente freqüentaram o instituto federal para a educação de deficientes auditivos. Elas já tinham um vocabulário básico que ultrapassava a habilidade lingüística de outras crianças que freqüentavam a escola para deficientes auditivos. Apesar disso, perde-se de vista o ensino nas classes integradoras, que é direcionado a alunos médios, a menos que medidas especiais sejam tomadas. Dois professores estavam encarregados desses 20 alunos, um professor normal de turma e um professor de necessidades especiais, especializado no ensino de alunos deficientes auditivos. O trabalho da turma baseava-se fundamentalmente no Jenaplan, que incluía trabalho de grupo orientado a projetos, determinando o progresso da aprendizagem dos alunos individualmente, o princípio de celebração e a publicação do resultado da classe na forma de livros com capa dura. De acordo com essa filosofia, todas as crianças deveriam receber apoio e encorajamento correspondentes às suas necessidades.

Islândia

As autoridades islandesas encorajaram a inclusão de crianças com necessidades especiais nas escolas públicas de ensino fundamental desde 1974, quando novas leis da escola fundamental foram introduzidas. Desde esse momento, a opinião pública tem mudado e as pessoas estão mais favoráveis a tornar possível para as crianças com necessidades educacionais especiais irem à escola de seu bairro. Desde então, a Islândia tem apoiado declarações internacionais sobre inclusão, como o declaração de Salamanca, de 1994.

Essa nova atitude tem influenciado cada vez mais o trabalho em muitas escolas de ensino fundamental islandesas. Através da experiência, tornou-se evidente que a inclusão de crianças com necessidades educacionais especiais requer um certo afastamento da forma padronizada de ensino. É um empreendimento e tanto, e certamente os resultados irão variar. Há exemplos de inclusão que geralmente têm sido considerados muito bem-sucedidos. Um desses exemplos encontra-se na escola Lundarskóli, em Akureyri, uma cidade de 15 mil habitantes, localizada em uma zona agrícola na parte norte da Islândia.

Lundasrskóli é uma escola pública de ensino fundamental abrangendo as idades de 6 a 15 anos. Ela tem trabalhado na inclusão há muitos anos, educando vários alunos com deficiências no cenário das escolas integradoras. Karl tinha 12 anos na ocasião do estudo. Ele tem deficiências graves e grande dificuldade em controlar seus movimentos. Ele não consegue falar; mesmo assim, escuta e compreende quase da mesma forma como os outros. Para expressar-se, ele usa principalmente a linguagem de sinais Bliss. As pessoas que o conhecem bem também conseguem ler suas expressões faciais. Karl está sempre na sala de aula com outros alunos e, basicamente, tem os mesmos objetivos de estudo que seus colegas. Ele recebe as mesmas tarefas que os outros alunos recebem durante pelo menos a metade das aulas semanais.

Portugal

O estudo atual aconteceu na Escola da Ponte, na Vila das Aves, ao norte da cidade do Porto, no norte de Portugal. Os alunos têm entre 5 a 15 anos. Na Escola da Ponte, o ensino baseado na sala de aula tradicional com um professor tem, desde 1976, sido substituído por um sistema de ensino e aprendizagem centrado em pequenos grupos e no ritmo de cada aluno. Não há métodos diferentes para as crianças consideradas deficientes, pois cada aluno é tratado como especial. Da mesma forma, as adaptações curriculares são feitas para todos os alunos. A comunicação e o trabalho em equipe são priorizados. Todos os professores são professores de todos os alunos, e todos os alunos são alunos de todos os professores. Os grupos de alunos são heterogêneos, e não baseados em notas. Em cada grupo, o gerenciamento do tempo e do espaço permite um trabalho cooperativo, tutoria por pares e momentos de trabalho individual. O centro da vida escolar é a assembléia escolar que acontece semanalmente. É aí que projetos comuns são elaborados e que os conflitos são resolvidos.

Como todo trabalho é processado em grupos heterogêneos, esse estudo nunca poderia centrar-se em um aluno no contexto de uma turma, mas no sistema complexo de relações que a escola apresenta, que é o resultado de um desenvolvimento de longo prazo, criando condições bem-sucedidas para todos alunos. Porém, três alunos serão mencionados aqui para fins metodológicos. C., um menino de 11 anos no momento do estudo, tinha recém-ingressado na escola, acompanhado de relatórios de vários especialistas que tinham seguido seu desenvolvimento desde os 8 anos. Em seus primeiros dias da escola, C. recusou-se a fazer qualquer tipo de trabalho, gritava e ficava bravo, ou então triste e apático. Agora ele está bem-integrado em sua nova escola e participa do trabalho em grupos. M. é uma menina de 13 anos com síndrome de Down. Ela estava na escola há seis anos e apresentava muitos problemas na comunicação oral. S., uma menina de 15 anos, também tem síndrome de Down, e estava na escola há sete anos. Diferentemente de outros mencionados, seus pais tinham poucas expectativas de suas conquistas, o que afetava seu trabalho escolar de forma adversa. Nenhuma dessas crianças morava na área de abrangência da escola. Elas foram matriculadas por seus pais, freqüentemente sob a recomendação de um psicólogo. A escola tinha uma forte tradição de estreita colaboração com os pais.

Espanha

O sistema educacional catalão tem-se esforçado pela integração dos alunos com necessidades educacionais especiais em escolas comuns desde 1984, quando as primeiras regulamentações sobre a integração em sala de aula foram emitidas. Desde então, foram tomadas várias decisões que afetaram todo o sistema educacional e que aproximaram as escolas de uma integração. Porém, o planejamento do sistema educacional e a criação de sistemas específicos que eram designados a incorporar assistência em sala de aula para crianças com necessidades especiais em escolas comuns ainda não conseguiram estabelecer uma base suficientemente sólida. Foi somente na segunda metade dos anos de 1990, quando algumas escolas tomaram medidas que as aproximaram da verdadeira educação inclusiva, que elas se tornaram conscientes das sérias limitações causadas pelo fornecimento de assistência educacional centrada somente na intervenção de especialistas. As diretrizes que surgiram da Conferência Mundial de Salamanca, em 1994, trouxeram a reconsideração da política de integração, mesmo que a Catalunha e a Espanha ainda estejam longe de atingir uma verdadeira educação inclusiva.

A estrutura jurídica atual define os alunos com necessidades educacionais especiais como aqueles que requerem apoio e assistência educacional específica durante algum período de sua educação escolar, ou durante toda ela, como resultado de deficiências físicas, mentais e/ou sensoriais, da manifestação de graves perturbações comportamentais e de situações sociais e culturais desfavoráveis.

As escolas participantes do projeto ETAI são bons exemplos da evolução para uma inclusão efetiva. Apesar de elas não estarem todas no mesmo ponto de maturidade institucional ou de obter resultados que possam ser considerados espetaculares, elas estão adotando métodos de trabalho que irão, sem dúvida, começar a mostrar resultados positivos dentro de pouco tempo. Devido à ligação anterior que a Universidade Aberta da Catalunha tinha com as quatro escolas participantes no projeto da Unesco, a equipe espanhola decidiu oferecer às mesmas escolas a participação nesse projeto. Três escolas ou CEIPs (centro educacional) decidiram participar: o CEIP Fortià, em Torelló; o CEIP J. M. Xandri, em Sant Pere de Torelló, ambas as escolas localizadas em áreas semi-rurais próximas a Barcelona, Espanha; e o CEIP Francesc Aldea, em Terrassa, uma cidade industrial de médio porte localizada em uma área altamente populosa próxima a Barcelona.

O CEIP Fortià Solà é uma pré-escola e escola de nível fundamental. Seu quadro de pessoal inclui especialistas em educação física, educação musical, inglês e educação especial. Cerca de 16% dos alunos sofrem de dificuldades na aprendizagem, que resultam principalmente de ambientes sociais e culturais desfavoráveis. Em outros casos, os transtornos da linguagem têm um papel. Em uuma turma de 2ª série do ensino fundamental, onde estavam sendo feitas observações, dois alunos tinham necessidades educacionais especiais. Um menino sofria de um atraso significativo em todas as áreas de aprendizagem devido a circunstâncias sociais e culturais desfavoráveis. Um menina tinha transtornos emocionais que resultaram em mutismo eletivo, o que restringia significativamente sua habilidade de se comunicar e de aprender.

O CEIP Josep M. Xandri é uma pré-escola e escola de nível fundamental que reúne praticamente todas as crianças da cidade de Sant Pere de Torelló. A proporção de alunos por turma é em média de 15, de modo que a escola tem 130 alunos, dos quais cerca de 4% possuem necessidades educacionais especiais. N. é um aluno em um grupo de crianças de 12 anos cujas necessidades educacionais especiais são devidas a deficiência mental.

O CEIP Francisc Aldea, localizado nos subúrbios de Terrassa, também é uma pré-escola e escola de nível fundamental com uma proporção de 22 alunos por turma. Ela tem vários alunos oriundos de população cigana, sendo que suas necessidades educacionais especiais resultam de uma educação escolar irregular e de circunstâncias sociais e culturais desfavoráveis. A turma observada tinha crianças com 8 anos, três das quais com necessidades educacionais especiais devido ao seu alto índice de falta de comparecimento à sala de aula.

RESUMO

Apesar de a principal abordagem deste projeto centrar-se em elementos comuns nas escolas escolhidas, e não aqueles que as distinguem umas das outras, é válido observar no início que eles variaram muito em dimensões como *status* formal, admissão de alunos, estrutura, gerenciamento, recursos e teoria pedagógica. Conforme mostra a seleção de casos, seu *status* formal e informal como escolas obrigatórias em seus países foi muito diverso. As principais necessidades especiais identificadas nos alunos também diferiu grandemente. No caso austríaco, elas foram deficiência auditiva; na escola islandesa, múltiplas deficiências físicas; a escola portuguesa tinha uma proporção relativamente alta de alunos com deficiência intelectual e, no caso catalão, muitos dos alunos sofriam de circunstâncias sociais instáveis. Essa grande diversidade de casos escolhidos para o projeto representaram um desafio para a equipe do ETAI, que queria inicialmente entender melhor que fatores contribuíam para uma inclusão bem-sucedida. No início, a conclusão pode ter sido que poucos elementos em comum podiam ser encontrados no trabalho dessas escolas e, portanto, havia poucas diretrizes para professores e gestores escolares seguirem. Para tentar esclarecer essa complexidade, houve uma colaboração próxima entre representantes dos países durante o estudo. Dessa forma, diferentemente da maioria das compilações de estudos de casos sobre educação inclusiva publicados (Pijl e Meijer, 1991; OECD, 1993; Meijer et al., 1994a; OECD, 1999), os estudos de casos no projeto ETAI desenvolveram-se além das fronteiras dos países durante os três anos da redação sobre os estudos de casos e do manual, de 1998 a 2001. Os representantes nacionais tiveram uma colaboração próxima em todos os estágios do trabalho e influenciaram as formulações uns dos outros consideravelmente durante esse tempo. Os relatórios por país foram escritos pelas equipes locais e, então, reconceitualizados em colaboração com os participantes de outros países. Finalmente, as conclusões e os capítulos do manual foram editados por duas pessoas trabalhando colaborativamente. Dessa forma, o texto final foi escrito, por assim dizer, através das fronteiras dos países e o processo do projeto, por sua vez, influenciou o desenvolvimento dos processos inclusivos em cada localidade.

REFERÊNCIAS

Bayliss, P. (1998). Models of complexity: theory-driven intervention practices. *Theorising special education*. C. Clark, A. Dyson and A. Millward. London, Routledge.

Brunswick, N. (1994). *Best Practices for Inclusion*. New Brunswick, Canada, Department of Education, Student Services Branch.

Europe (1998). *The education systems in member states: Chapter 10, Special education*. http:/www.european-agency.org/Eurybase/Files/Dossier.htm, European Agency for Special Education.

Ferguson, D. (1996). Chapter 2. *Creating tomorrows schools today: Stories of inclusion, change and renewal*. M. Berres, D. Knoblock, D. Ferguson and C. Woods. New York, Teachers College Press.

Gartner, A. and D. K. Lipsky (1987). "Beyond special education: Toward a quality system for all students." *Harvard Educational Review* 57(4): 367-395.

Giangreco, M. F. (1997). "Key lessons learned about inclusive education:summary of the 1996 Schonell Memorial Lecture." *International Journal of Disability, Development and Education* 44(3): 193-206.

Lipsky, D. K. and A. Gartner (1998). "Taking inclusion into the future." *Educational Leadership* 58: 78-81.

Lunt, I. and B. Norwich (1999). *Can Effective Schools be Inclusive Schools?* London, Institute of Education University of London.

Meijer, C. J. W., S. J. Pijl, et al., Eds. (1994a). *New Perspectives in Special Education. A Six-Country Study of Integration*. London and New York, Routledge.

OECD (1993). Active life for disabled youth. Integration in the school. Paris, CERI.

OECD (1999). Inclusive education at work. Paris, Organisation for Economic Co-operation and Development.

Pijl, S. J. and C. J. W. Meijer (1991). "Does integration count for much? An analysis of the practices of integration in eight countries." *European Journal of Special Needs Education* 6(2): 100-111.

Porter, G. L. and D. Richler (1991). *Changing Canadian schools: perspectives on disability and inclusion*. North York, Canada, Roeher Institute.

Thomas, G. (1997). "Inclusive schools for an inclusive society." *British Journal of Special Education* 24(3): 103-107.

Thomas, G., D. Walker, et al. (1998). *The making of the inclusive school*. London and New York, Routledge.

UNESCO (1995). The Salamanca Statement and a Framework on Special Needs Education. Paris, UNESCO.

Zollers, N. J., A. K. Ramanathan, et al. (1999). "The relationship between school culture and inclusion: how an inclusive culture support inclusive education." *Qualitative Studies in Education* 12(2): 157-174.

SEGUNDA PARTE

O ESTUDO ETAI: INTERPRETAÇÕES E CONCLUSÕES

Esta parte introduz os principais resultados dos estudos de casos nos quatro países participantes.

Nove temas surgiram a partir dos estudos. Eles são apresentados em vários capítulos juntamente com um capítulo conclusivo, que aborda algumas implicações do estudo.

1. Preparação para a educação escolar
2. Planejamento curricular
3. Prática em sala de aula
4. Colaboração e coordenação
5. Interação social dos alunos
6. Colaboração lar-escola
7. Avaliação e preparação
8. Serviços de apoio
9. Desenvolvimento de pessoal
10. Algumas implicações do estudo

Cada capítulo é relativamente curto, de modo que o leitor pode rapidamente cobrir os aspectos mais importantes. O propósito da leitura indicará se o leitor deve ler os dez capítulos de uma vez ou decidir-se por um ou dois temas para estudar, passando então para capítulos idênticos na terceira parte do manual.

1
Preparação para a educação escolar

Este capítulo trata do processo de preparação que ocorreu antes de uma criança com necessidades especiais iniciar sua educação escolar. Os dados fornecem algum *insight* quanto à extensão e a complexidade do processo de preparação, assim como sobre a importância de organizá-lo bem.

Como em outras áreas, há semelhanças que podem ser encontradas entre os países, assim como diferenças. As semelhanças relacionaram-se a ligações aos serviços de apoio, preparação ao nível escolar com relação ao pessoal e às instalações. As diferenças relacionaram-se principalmente à extensão da tarefa a ser feita, como tempo e colaboração.

As questões identificadas referiam-se a
- matrícula dos alunos na escola;
- preparação de alunos;
- preparação do pessoal;
- instalações da escola;
- colaboração com diferentes agentes.

MATRÍCULA NA ESCOLA

As escolas desse estudo destinavam-se a crianças que moravam em um bairro separado da escola em Viena, que era vinculada à Academia para o Treinamento de Professores (Academy of Teacher Training). Com relação à Escola da Ponte, de Portugal, quase o mesmo número de crianças de outras áreas escolares foram aceitas, seja por solicitação dos pais ou de especialistas – em alguns casos, porque outras escolas não tinham lugar para elas.

Na Islândia e na Áustria, os pais podiam escolher as escolas. No primeiro caso, os pais podiam optar por uma outra escola próxima, onde o prédio fosse mais apropriado, mas escolheram matricular a criança na escola mais próxima de suas casas a fim de facilitar a interação social com os colegas de bairro da criança. Os pais austríacos foram convidados a levar seus filhos a participar da aula, uma aula a ser ministrada como sendo inclusiva.

Em todas as escolas, o processo comum foi um sistema de apoio de especialistas que contatassem as escolas e as informassem sobre alunos que poderiam precisar de atenção especial em relação às suas necessidades. Houve exemplos em que as necessidades especiais não foram identificadas até depois de as crianças terem iniciado na escola. Os especialistas ajudaram a formar uma conexão entre as famílias, e as escolas e ajudaram tanto os pais como o pessoal na preparação para a educação escolar.

Dois países iniciaram as preparações pelo menos um ano antes do início do ano escolar das crianças. Na Áustria, um dos professores fez preparações um dia por semana, o ano inteiro, antes do início do ano escolar. Na Islândia, foram necessárias alterações no prédio da escola devido à deficiência física de alunos, houve ainda necessidade de contratação de pessoal e de tempo extra para preparação. Foi de aceitação geral que o período de preparação não poderia ser menor do que um ano.

A PREPARAÇÃO DOS ALUNOS

Apenas o relatório austríaco fornece evidências sobre a preparação das crianças antes da matrícula. As crianças deficientes auditivas estudavam juntas em um grupo de pré-escola com crianças que tinham audição perfeita. Elas conheceram um dos professores um ano antes do início da escola e pouco tempo antes do primeiro dia escolar; quando se soube quais crianças assistiriam à aula, todas as crianças reuniram-se em várias ocasiões para lições rítmicas. O aluno islandês em questão conheceu seus professores no verão anterior ao início do ano escolar. Seus professores visitaram tanto sua casa como a pré-escola.

A PREPARAÇÃO DO QUADRO DE PESSOAL

Várias dimensões poderiam ser identificadas com relação à preparação do pessoal. Os professores trabalharam com equipes de especialistas e de pais, reuniram informações, formaram equipes dentro da escola, participaram de treinamento interno tanto formal como informal e, em alguns casos, eles sistematicamente chegaram a conhecer os alunos antes do início do ano escolar.

Na maioria dos casos, informações diagnósticas de especialistas chegaram junto com as crianças à escola. Os especialistas trabalharam com as escolas durante a fase de preparação, geralmente identificando necessidades adicionais, aconselhando o pessoal quanto a maneiras de atender às suas necessidades. Os especialistas trabalharam junto com o pessoal no planejamento do currículo dos alunos. A extensão dessa colaboração pareceu variar de acordo com o país. Os objetivos curriculares foram planejados em cooperação com os pais, como na Islândia e em Portugal. Na Espanha e na Áustria, os pais pareceram menos envolvidos, mas comentaram sobre os planos. Dados de todos os pais dos alunos na turma austríaca demonstraram que esses estavam satisfeitos com a fase de preparação.

Foram obtidas informações sobre o *status* dos alunos de várias fontes, incluindo a pré-escola e os pais da criança, várias redes de assistência, membros do sistema de saúde, análise de especialistas, etc. Assim que todas as informações relevantes tinham sido coletadas, foram feitos planos para contratação e treinamento de pessoal, requisição de equipamento e reforma dos prédios.

Em todos os casos foram formadas equipes de professores. Eles começaram a formar e a implementar a política de inclusão e a refletir sobre o que ela significava em termos de prática em sala de aula. A formação de equipes exigiu certa atenção. Houve exemplos, como já comentado, de professores que visitaram a pré-escola para chegar a conhecer as crianças e, em um caso, eles visitaram a casa freqüentemente para se inteirar sobre as maneiras como os pais cuidavam da criança.

Os professores assistiram a cursos internos, como no plano Jena, sobre a linguagem Bliss e a aprendizagem cooperativa. Essa cuidadosa preparação definitivamente teve um efeito positivo no trabalho dos professores e aumentou sua autoconfiança. Os professores nos dois relatórios falaram sobre se preparar emocionalmente quando pensavam estar entrando em um campo que eles não tinham certeza de como controlar.

Na Islândia, os pais demonstraram muita iniciativa e foram muito ativos durante o ano inteiro antes de a escola iniciar. Por causa da deficiência de seu filho, cada passo, cada movimento e ação precisaram ser planejados antes da prática. Porém, em certo momento durante a fase de preparação, eles sentiram que eram excluídos do processo de tomada de decisões. Em resposta a isso, pediram a uma pessoa neutra que assistisse às reuniões com eles e as analisasse depois. Subseqüentemente, essa desavença foi resolvida com sucesso e os pais assumiram um papel ativo na equipe que se encontrava para discutir a educação de seu filho.

AS INSTALAÇÕES DA ESCOLA

As evidências variaram nas instalações escolares, e auxílios e equipamentos especiais foram necessários para alunos com necessidades especiais. Nesse estudo, necessidades dos alunos diferiram grandemente e havia apenas um deles com grave deficiência física. Na sala de aula a que pertencia precisou ser instalado um elevador, foi solicitado *hardware* e *software* de computador e várias cadeiras e equipamento de apoio foram encomendados. Apesar do prazo de quase um ano para providenciar esse itens, as mudanças solicitadas dentro das instalações da escola para assegurar acesso aos deficientes não foram concluídas até alguns meses após o aluno ter começado a freqüentar a escola. Os dados da Áustria mencionavam a importância da preparação da sala de aula para uma classe inclusiva, incluindo equipamentos para os alunos com deficiências auditivas. Pareceu não haver dificuldades em obtê-los.

Houve dados de uma das escolas relatando que, em uma oportunidade, a escola não conseguiu atender a dois alunos de forma adequada, um surdo e outro com deficiência física. Isso deveu-se a uma recusa das instituições responsáveis quanto ao equipamento necessário e a adaptações elementares nos prédios.

COLABORAÇÃO DE DIFERENTES AGENTES

Quando tantas partes trabalham juntas e tantas tarefas precisam ser realizadas, a coordenação é vital. Tornou-se evidente que era necessário definir o papel de cada participante no trabalho colaborativo, ou seja, a delegação de responsabilidades tinha de ser claramente definida. Além disso, uma das partes deveria supervisionar todos os aspectos da colaboração e ser capaz de assegurar que as decisões tomadas realmente fossem postas em ação.

RESUMO E SUGESTÕES

- Um processo de preparação precisa ser estabelecido dentro da escola, em colaboração com o serviço de apoio, para introduzir alunos com necessidades especiais. Questões como iniciativa, responsabilidade e envolvimento de vários componentes do quadro de pessoal precisam ser decididas.
- Isso deve acontecer pelo menos um ano antes da matrícula.
- O plano da escola precisa enfatizar a importância da colaboração com os pais. Eles precisam ser vistos como membros plenos do processo de formação de políticas e de tomada de decisões. Precisam ainda ter a possibilidade de receber apoio especial ao tratar com a escola.
- A preparação dos professores deve almejar dar-lhes um conhecimento especializado sobre as necessidades específicas de determinados

alunos. Também deve visar a aumentar as habilidades dos professores de aplicar métodos de ensino, os quais melhoram os aspectos educacionais e sociais da inclusão.
- As autoridades escolares precisam demonstrar iniciativa em empreendimentos de como é a preparação para a matrícula de alunos com deficiências. Isso inclui a definição de papéis e responsabilidades, a coordenação do trabalho colaborativo e o fornecimento da assistência necessária.

2

Planejamento curricular

O currículo é compreendido aqui como a orientação fornecida pelas escolas e professores envolvidos no ensino e na aprendizagem que acontece em sala de aula. Isso pode envolver questões como o conteúdo do material a ser aprendido, os métodos de ensino utilizados, os significados sociais e éticos a serem transmitidos – dos quais resulta a base que oriente a interação dentro do grupo – e os resultados pretendidos nesse processo.

Dados sobre os aspectos curriculares nas escolas devem estar principalmente relacionados à:
- criação e implementação de adaptações curriculares para alunos individuais;
- participação dos pais e dos profissionais do serviço de apoio na redação de currículos individuais.

ADAPTAÇÕES CURRICULARES PARA INDIVÍDUOS

Dados de dois relatórios comentavam sobre a preparação de planos individuais como regra, mas os outros dois relatórios não os mencionavam ou, como na Escola da Ponte, a escola não favoreceu tais planos. Esse também foi o caso com a experiência catalã, apesar de as escolas terem redigido todos os anos um plano abrangente para cada criança que se considerava precisar de um. A escola da Ponte parou de usar "planos de sala de aula de segurança (*back-up*)", pois os professores sentiram que tais planos pareciam diminuir o progresso dos alunos com necessidades educacionais especiais. Em vez disso, a escola da Ponte organizou planos de trabalho para grupos heterogêneos, cada um cobrindo um período de 15 dias. Esses planos envolveram objetivos de curto prazo, que foram indicados a vários grupos de alunos. O trabalho em grupo, com objetivos imediatos, pareceu aumentar as possibilidades educacionais de todos os alunos.

Apesar de as escolas catalãs redigirem planos individuais, parecia haver uma certa falta de interesse por eles, principalmente devido ao fato de que, no passado, eles foram considerados altamente burocráticos e não muito bem adaptados aos problemas reais das escolas. A experiência austríaca não comentou diretamente sobre planos individuais. Porém, existiam dados relatando que o planejamento foi, na maioria dos casos, deixado aos professores e a outros especialistas, como psicólogos e fonoaudiólogos. O trabalho de lá focalizava claramente as atividades curriculares que enriqueciam o trabalho de todas as crianças simultaneamente. Por exemplo, como considerou-se que lições rítmicas tiveram um grande impacto sobre o desenvolvimento cognitivo, motor e social, tais lições foram planejadas para todas as crianças antes da educação escolar e após o ano escolar começar.

Em Lundarskóli, a política foi planejar e redigir planos individuais para o aluno em questão duas vezes por ano. Esses planos baseavam-se na análise de suas necessidades feita pelos professores em colaboração estreita com os pais. Os planos apresentavam objetivos acadêmicos e sociais e maneiras de atingi-los. A maioria dos objetivos era projetada dentro dos procedimentos normais das salas de aula, mas alguns eram específicos. Foi interessante notar a inutilidade desses planos durante os primeiros anos. Foi dito aos professores que redigissem os planos de acordo com certos critérios. Eles não viram a utilidade do plano nem foram ajudados a refletir sobre como isso poderia qualificar seu trabalho. Conseqüentemente, ele se tornou um dever. Foi somente em um estágio posterior que os professores deram-se conta de como o plano poderia facilitar o trabalho e ajudar a tornar o processo de ensino e aprendizagem mais significativo.

Os dados dos relatórios salientaram o valor de realizar planos individuais em grupos heterogêneos na sala de aula comum que contassem com atividades destinadas ao grupo inteiro por meio de trabalho cooperativo ou outras estratégias educacionais que implicassem apoio e ajuda mútuos entre os alunos. Apesar de os professores favorecerem essa maneira de trabalhar, também ficou evidente que alguns deles acharam, às vezes, desafiador e até mesmo difícil criar tais estratégias.

Houve algumas evidências de trabalho individual e isolado quando o aluno em questão em Lundarskóli trabalhava em tarefas não-relacionadas ao que o resto da turma fazia. Esse foi o caso com o aprender a ler ou o estudo da linguagem *Bliss*. Durante alguns períodos, o resto da turma estudava Bliss também. Em outras ocasiões, as adaptações eram evidentes quando o conteúdo e os objetivos estavam relacionados a todos os alunos. Por exemplo, quando os alunos em Lundarskóli trabalharam individualmente em tarefas por escrito, o aluno em questão recebeu auxílio de um professor que usava um *software* na linguagem Bliss com a ajuda de um professor. Durante o trabalho de grupo, esse aluno teve um papel específico ou estava numa equipe, a fim de permitir que a interação com seus colegas de turma fosse tão natural quanto possível. Quando as tarefas não estavam relacionadas às tarefas normais, foi encontrado um papel para ele, quando não pudesse participar diretamente. Esse foi o caso com os tratamentos com fluoreto realizados com os alunos, ocasião que ele obteve o papel de cronometrar o tempo da tarefa de dois minutos.

Falando de forma geral, pode-se dizer que o grau de utilidade de planos individuais está relacionado à extensão da adaptação e diferenciação das atividades curriculares em sala de aula. Tais planos poderiam ser um obstáculo e encorajar a segregação, ou poderiam apoiar os alunos trabalhando juntos em experiências múltiplas de aprendizagem. Dessa forma, o perigo de planos individuais tornarem-se uma forma de segregação depende parcialmente de quão implicado na implementação estão aqueles responsáveis por criar os planos e, é claro, de como eles são realizados. Os exemplos reunidos no estudo ETAI mostraram um trabalho quase que inteiramente realizado em sala de aula comum. Sob essas condições, pareceu evidente que os planos individuais apoiavam a inclusão.

Apesar das discrepâncias entre o propósito pretendido dos planos individuais e sua implementação descrita acima, a maioria dos países participantes compartilhava a opinião de que era necessário chegar a um acordo, seja por escrito ou tacitamente, em relação às prioridades a serem determinadas no desenvolvimento de currículos para alunos com necessidades especiais.

A PARTICIPAÇÃO DAS FAMÍLIAS E DOS PROFISSIONAIS NA REDAÇÃO DE CURRÍCULOS INDIVIDUAIS

Fora do planejamento e da adaptação curriculares, os planos individuais tiveram outra função fundamental na maioria dos países participantes. Eles se tornaram uma ligação entre os professores, os serviços de apoio e as famílias. Houve definitivamente uma tendência de os professores de turma assumirem responsabilidades no processo de adaptação curricular para os alunos com necessidades especiais, assim como para outros alunos. A participação dos pais nesse processo variou de acordo com os países. Houve dados sobre professores e especialistas criando os planos e informando os pais sobre seu conteúdo. Em outro caso, os planos foram redigidos pelo pessoal da escola juntamente com especialistas, mas apresentados aos pais, e, nesse estágio, eles foram capazes de sugerir mudanças de políticas. Na Escola da Ponte, a escola e os pais fizeram as políticas de forma conjunta. Esse foi um procedimento comum em relação a todos os alunos da escola. Em Lundarskóli, os professores redigiram os planos individuais em estreita cooperação com os pais.

Nessa escola, a fase de planejamento foi múltipla. Além de reuniões entre professores e pais, reuniões mensais foram realizadas com o diretor e com o professor de alunos com necessidades especiais para monitorar o plano. Além disso, três vezes por ano, todos especialistas envolvidos, uma pessoa dentre as autoridades, o pessoal da escola e os pais se reuniram para fins de planejamento e avaliação. O planejamento relacionou-se à saúde, à educação e aos aspectos sociais.

É válido destacar a participação ativa dos serviços de apoio que, às vezes, tomavam um papel duplo. Por um lado, eles prestavam avaliação com relação a questões específicas e, por outro lado compartilhavam do trabalho de redação de planos com os professores. A Catalunha foi um bom exemplo desse processo. No início do ano escolar, o diretor, o professor de alunos com necessidades especiais, o profissional da Equipe de Avaliação Psicopedagógica (EAP) e o fonoaudiólogo, quando tal intervenção foi necessária, começaram a trabalhar no plano de adaptação curricular individual (ACI). O objetivo do plano era incluir todas sugestões de intervenção específica e sua relação com a educação escolar comum de um determinado aluno durante todo o ano acadêmico. O plano incluía decisões sobre a natureza de um assunto curricular, assim como decisões que tinham a ver com o trabalho fora da sala de aula comum, se, em algum momento, isso fosse necessário. Os planos contemplavam a quantidade de apoio específico de que esses alunos precisariam. Os professores que interferiram diretamente no processo de aprendizagem revisaram constantemente os planos individuais durante todo o ano escolar. Conforme consta no relatório do ACI e com relação às características da adaptação e ao grau de especificidade do apoio, a freqüência da intervenção da EAP foi, assim, estabelecida no que tange ao acompanhamento do aluno.

RESUMO E SUGESTÕES

- Os currículos de escolas inclusivas são caracterizados por sua habilidade de incorporar conteúdos que promovem o desenvolvimento de habilidades sociais, além do conteúdo acadêmico. Parece que a dinâmica de uma escola inclusiva requer a constante promoção dessas habilidades.
- O currículo representa uma estrutura para os professores, os serviços de apoio e as famílias, os quais são responsáveis de forma conjunta pelo planejamento do processo educacional dos alunos. Essa estrutura parece ser mais efetiva para facilitar a inclusão de todos os alunos. Os professores de turma assumem total responsabilidade pelo planejamento e implementação curricular para todos seus alunos.

- Para atender às diferentes necessidades, o currículo e as atividades em sala de aula devem ser dirigidos a todos alunos na sala de aula comum. Nessa questão, precisa haver um acordo unânime. A partir desse ponto de vista, as adaptações curriculares que são feitas através de planos individuais precisarão empenhar-se para garantir o grau mais alto possível de participação em sala de aula.
- A escola é responsável pelo planejamento e pelas decisões curriculares em estreita colaboração com as famílias. Os especialistas, que no passado eram, enfim, responsáveis por criar planos individuais, agora assumem principalmente o papel de assessores e consultores em relação a certos aspectos.
- Quanto a planos individuais, é necessário distinguir a redação desses de sua implementação. Ao colocar a teoria em prática, o que as escolas inclusivas parecem questionar é a atenção individual dada ao aluno afastado do resto da turma, e não a criação de um plano individual por si só. Os professores precisam ter cuidado para que planos individuais ou pessoas não se tornem instrumentos de segregação.

3
Prática em sala de aula

Tudo o que acontece dentro da sala de aula pode ser definido como prática em sala de aula. Isso relaciona-se ao que os professores e os alunos fazem e ao contexto em determinados momentos. A prática em sala de aula de natureza inclusiva baseia-se em uma certa atitude e visão, influenciando o que é planejado e feito em sala de aula pelos professores e pelos alunos. Há muito a ser encontrado nos dados sobre esse assunto. O pessoal das escolas relatou o que sentiam serem padrões e condições absolutamente necessários para o aprendizado e os relacionamentos em sala de aula. Os itens a seguir foram vistos como os fatores mais importantes:
- o significado de uma classe inclusiva;
- o ensino em equipe;
- o ambiente e a organização da sala de aula;
- a adaptação curricular;
- a interação dos alunos planejada pelos professores.

O SIGNIFICADO DE UMA CLASSE INCLUSIVA

Ficou claro, a partir dos dados, que os professores estavam muito conscientes do contexto inclusivo em que estavam trabalhando para manter e desenvolver ainda mais. O relatório austríaco explicou o termo "inclusão" como uma comunidade de pessoas diferentes que atingiam um nível mais alto de forma conjunta, e não sozinhas. Além disso: "É a consciência do fato de que todo ser humano tem necessidades especiais que devem ser tratadas adequadamente". De acordo com isso, um dos professores austríacos disse que, a partir do primeiro dia, foi decidido que os alunos deficientes auditivos não deveriam ser tratados de forma diferente dentro da escola. Cada membro da turma deve ser apoiado individualmente, pois todos têm necessidades especiais de algum tipo. O relatório catalão forneceu visões semelhantes, tais como: "É preferível cuidar de todas as necessidades dentro da sala de aula comum". Além disso, os fatores mais importantes são aqueles relacionados à criação de condições organizacionais e curriculares em salas de aula comuns. O relatório português descreveu essa questão de forma quase idêntica: quando foram definidas dificuldades de aprendizagem em termos de currículo, mais possível tornou-se a criação de condições em que todos alunos pudessem aprender. O relatório islandês mostrou que o processo de inclusão pôde ser visto afetando não apenas determinados alunos, mas o grupo todo.

Conseqüentemente, ocorreu que a necessidade da aquisição de habilidades e de um plano de métodos, que criariam tais condições. Todos os quatro relatórios salientaram a necessidade de planejar condições a fim de apoiar a classe inclusiva. Essas condições relacionavam-se à formação de relações, de um ambiente afetivo e atencioso, de igualdade, da possibilidade de apoio permanente e de grandes expectativas. A escola da Ponte forneceu informações explícitas sobre como haviam experienciado a diferença entre um plano individual para "casos" especiais e planos de duas semanas com grandes expectativas. Um professor especializado realizou os primeiros planos, mas os novos planos tiveram as mesmas características dos planos para todos os outros alunos, realizados por todo o pessoal. O primeiro plano foi de longa duração, com objetivos funcionais e raramente enfocando domínios sociais, emocionais ou cognitivos. O último plano foi de curta duração, com um alto nível de expectativas quanto à aprendizagem dos alunos.

As soluções que as escolas nos quatro países encontraram e que foram iniciadas nas salas de aula foram surpreendentemente semelhantes. Em todas as escolas, pôde-se encontrar o desenvolvimento do ensino em equipes, do trabalho colaborativo e de relações sociais; a organização de certos arranjos na ordem de sentar; a realização da gestão curricular, da adaptação e do equipamento utilizado.

ENSINO EM EQUIPE

Em todas as turmas estudadas, o ensino em equipe de dois ou três professores foi a norma. Em todos os casos, os professores desenvolveram uma especialização em certos assuntos e áreas, mas responderam de forma conjunta a todos alunos na turma. Isso revelou ser de grande importância. Os benefícios foram de vários tipos. Como os professores interagiram e comunicaram-se com todos os alunos, eles vieram a conhecê-los todos e a compreender melhor suas necessidades. Os professores sentiram que, em uma equipe, eles, estavam mais bem capacitados a adotar várias estratégias para atender às necessidades dos alunos. Sentiu-se que o ensino em equipes aumentou a atenção dos alunos com necessidades especiais e resultou na melhoria da qualidade e da quantidade de atenção recebida por todos os alunos. O sucesso na aprendizagem cooperativa e no desenvolvimento de interações sociais estava ligado ao ensino em equipe. Isso foi salientado pelos pais na Islândia, que disseram que a classe toda beneficiou-se do sistema de dois professores e que havia uma união mais forte dentro da turma do que eles tinham visto em qualquer lugar anteriormente.

A necessidade de esclarecimento dos papéis e da colaboração bem organizada entre os professores foi reconhecida. Isso resultou em lições bem planejadas, em que os professores moviam-se entre os alunos e mais ou menos auxiliavam de forma conjunta. Na maioria das aulas, eles decidiam antes da aula como a lição traria maiores benefícios tendo dois ou mais professores. Quando foi necessário acompanhar um aluno, como em Lundarskólia assistência seria distribuída de forma equilibrada entre os professores. Apesar de a maioria das lições terem essas características, algumas evidências provaram o contrário. Isso ocorreu principalmente quando um professor falava para toda a turma, introduzindo um novo conteúdo ou uma nova atividade, e o outro professor não tinha nenhuma tarefa a ser feita naquele momento. Outro exemplo apareceu na forma de diferentes intervenções feitas pelos professores, pois um deu muito mais autonomia aos alunos do que o outro.

O AMBIENTE E A ORGANIZAÇÃO EM SALA DE AULA

Os professores sentiram que o ambiente de uma classe inclusiva precisava de um pré-planejamento. Conforme consta no relatório austríaco, "o trabalho em turmas de inclusão exige um ambiente preparado". Um ambiente rico foi estabelecido para todos os alunos, dando-lhes a oportunidade de experienciar diferentes tipos de métodos de aprendizagem. Subjacente a essa ação estava o princípio de que todas as crianças têm necessidades especiais. Os professores precisaram ser proativos, planejando a sala de aula, ou seja, os espaços de aprendizagem, fornecendo materiais, arranjando o equipamento e os assentos, garantindo uma interação face a face, etc. Essa última questão foi especialmente importante na turma de Viena, pois os alunos com deficiência auditiva costumavam ler os lábios para auxiliar na compreensão. Em todas as turmas, os alunos sentaram-se juntos, independentemente de estarem trabalhando de forma cooperativa ou não. As escrivaninhas foram unidas em duas, quatro ou seis ou foram alinhadas formando um U.

Havia dados sobre visitas freqüentes das partes interessadas de três escolas. Em duas delas, achou-se que isso perturbou o ensino e a aprendizagem. Durante o primeiro ano, os professores da turma em Viena pediram para ser desobrigados de tais visitas até que os alunos tivessem formado relações entre si. Isso foi mantido pelo resto do ano. No início do segundo ano, a turma foi aberta para visitantes novamente, especialmente para alunos em treinamento para serem professores.

ADAPTAÇÃO CURRICULAR

Nesse contexto, a adaptação curricular refere-se ao ajuste da pré-lição dos objetivos de estudo, do material, dos métodos e do ambiente em sala de aula, de modo que ela possa atender às necessidades dos alunos. Isso relacionava-se a métodos de ensino, escolha de situações como trabalho individual, trabalho em pares, trabalho em grupos ou ensino para a turma toda. Essas adaptações podem ou não ser visíveis para um visitante.

As escolas favoreceram uma aprendizagem cooperativa em grupos heterogêneos. Elas relataram essa questão de forma bastante abrangente. Elas tinham algumas maneiras de trabalhar em comum, mas também tinham descoberto suas próprias maneiras de trabalhar.

A experiência espanhola apontou para quatro métodos de trabalho: a) todos alunos trabalhavam nas mesmas atividades; b) os alunos com necessidades especiais trabalhavam em atividades diferentes e tinham um material diferente, mas sentavam-se ao lado de seus colegas de turma; c) os alunos com necessidades especiais tinham o mesmo material, mas realizavam tarefas diferentes; d) alguns alunos podiam sair da sala de aula e trabalhar individualmente no mesmo assunto em outra sala com o professor de apoio. A mistura de métodos na turma austríaca consistiu em trabalhar individualmente, em pares ou em grupos. O ensino para a turma toda não foi favorecido, em razão da média de que as crianças deficientes auditivas facilmente perdiam o que estava acontecendo em tais situações, mesmo se um professor de apoio estivesse lá para auxiliá-las.

Em Lundarskóli, o trabalho individual e o ensino da turma toda foram dominantes nas aulas observadas. Notou-se uma colaboração estruturada em um quarto das aulas observadas. Apesar de a colaboração não ter existido na maioria das aulas, os professores sentiram que esses métodos de trabalho eram os mais apoiadores.

A participação dos alunos com necessidades especiais sempre pareceu ser planejada antes das aulas, em vez de ocorrer espontaneamente. Porém, houve momentos de grande espontaneidade, por exemplo, quando um deles recebeu a incumbência de cronometrar o tratamento com fluoreto que seus colegas de turma fizeram em uma aula. Como o menino não falava, ele recebeu perguntas fechadas em vez de abertas; foi testado com múltiplas perguntas e alguém leu para ele quando os outros alunos podiam ler sozinhos. Isso foi feito, algumas vezes, em uma situação particular, mas outros alunos freqüentemente participaram.

As adaptações na escola da Ponte foram, de alguma forma, semelhantes àquelas descritas acima mas, de outras maneiras, as abordagens e a organização foram bastante diferentes. A escola tinha muitas características da Escola Aberta. Todos os alunos pertenciam a uma equipe de três alunos e sentavam-se juntos. Eles escolhiam seus companheiros para uma equipe, mas um deles, como consta no relatório, "deve ter maior necessidade de ajuda". Dentro dessas equipes, os alunos estudavam de forma independente e cooperativa. Levavam seus próprios planos de estudo, a cada duas semanas, com o auxílio de uma estrutura de Instruções para as disciplinas, como matemática, a serem visíveis nas salas de aula. Os alunos que começaram a trabalhar em questões de matemática nas quais ninguém havia previamente trabalhado antes escreveram referências a livros de matemática na parede para economizar o esforço de outros alunos na procura pelo material adequado. Outra área que vale a pena mencionar foi a ênfase em atividades de natureza investigativa. Os alunos foram encorajados a escolher atividades de interesse e investigá-las. A assistência direta de um professor foi amplamente determinada pelos próprios alunos. O ensino para a turma toda não pareceu ser praticado.

Na escola da Ponte, o progresso individual estava em foco, mas não a comparação com os outros. Os alunos podiam, quando se sentissem prontos, escolher o momento para a avaliação do progresso. Isso pareceu contribuir para sua segurança, para sua auto-estima e para seu senso crítico.

A INTERAÇÃO DOS ALUNOS PLANEJADA PELOS PROFESSORES

A interação entre os alunos pode ser vista tanto como sendo formal ou informal. Espera-se que ambas sejam de natureza sustentadora. Os professores ou os próprios alunos poderiam planejar interações. As interações formais diretamente ligadas ao estudo são abordadas neste capítulo. Porém, apesar de as interações informais terem sido freqüentes nas salas de aula e serem de grande importância, essas serão abordadas num outro capítulo, intitulado "Interações sociais". Naquele capítulo, algumas interações planejadas que acontecem fora da sala de aula também serão abordadas.

A estrutura da interação planejada na sala de aula foi parte de uma estrutura holística que ocorreu regularmente ou de forma intermitente. Exemplos da primeira seriam as reuniões semanais na escola da Ponte. Lá, os alunos faziam reuniões para discutir questões de natureza social, como o comportamento de alunos específicos, o modo como os indivíduos poderiam ser apoiados e outras questões visando à resolução de problemas. Nessas ocasiões, os alunos como comunidade fizeram vários acordos sobre comportamento e relacionamentos e estudaram-nos mais tarde em relação ao Documento oficial da ONU sobre os Direitos das Crianças. Os alunos poderiam também expressar seus pontos de vista através da "caixa dos segredos", se achassem isso mais fácil do que falar nas reuniões. A formação de grupos de estudos diários encorajou os alunos a procurarem colegas que estavam "com maior necessidade de ajuda" para participar de seus grupos. O trabalho colaborativo envolveu uma interação apoiadora. Em Lundarskóli, os alunos reuniam-se diariamente em um canto da sala de aula e discutiam questões sob a orientação dos professores.

Como dito anteriormente, as escolas sentiam que a aprendizagem cooperativa era uma maneira importante de melhorar a inclusão. Não é necessário dizer que, em tais cenários, a interação e a atitude apoiadora eram não apenas desejadas, mas também sentidas como essenciais. Em muitos casos, tal interação era óbvia para o observador. Porém, esse não foi sempre o caso. Reconheceu-se, em um dos relatórios, que os alunos com necessidades especiais eram passivos em relação a seus colegas de turma. Isso salienta a importância de estratégias permanentes por parte dos professores para fortalecer a comunidade dos alunos.

Em Lundarskóli, não se poderia dizer que uma atitude passiva havia-se desenvolvido entre o aluno com necessidades especiais e os outros alunos, pois estes procuravam freqüentemente comunicação com aquele, o qual sempre respondia ativamente. Porém, reconheceu-se que ele próprio raramente iniciava a comunicação. Não estava claro se isso relacionava-se à "impotência aprendida" ou à sua inabilidade de se mover e falar. Foi feito um plano de ação a fim de ajudá-lo a desenvolver tais iniciativas. O plano apresentava objetivos de comunicação, iniciativas e maneiras de trabalhar em direção ao objetivo. Havia também alguns dados sobre uma afeição profunda e genuína e um relacionamento de apoio entre os alunos dentro de cenários colaborativos, mas também havia dados sobre a tendência dos alunos de trabalhar individualmente em cenários cooperativos e, às vezes, a interação entre eles era vista como não-cooperativa.

Isso indica que havia não apenas professores que precisavam de tempo para praticar novos métodos, mas alunos também. Eles precisavam de períodos de concentração e de promoção de novas habilidades a fim de adquiri-las.

Também parece necessário aos professores ler constantemente a natureza da interação dos alunos e interpretá-la a fim de planejar futuros desenvolvimentos. Isso relaciona-se também ao fato de que o planejamento e uma estrutura clara em nome dos professores nem sempre é suficiente. A atitude apoiadora precisa ser admitida na cultura da vida em sala de aula.

O relatório austríaco abordou essa questão ao descrever como os professores se organizaram para a prática da comunicação e para as regras de comportamento a fim de tornar possível um diálogo entre alunos que ouvem e aqueles que são deficientes auditivos. Dessa maneira, eles estavam recebendo mensagens por meio dos alunos sobre prioridades na interação e dando espaço para desenvolver tais práticas importantes.

Alguns dados foram encontrados sobre planejamento para o desenvolvimento da compreensão recíproca de necessidades. Isso relacionava-se mais fortemente a maneiras de expressão. Os alunos que ouviam na turma de Viena aprenderam um pouco sobre a linguagem de sinais que as crianças com dificuldades auditivas usavam. Com uma melhor compreensão, os alunos que ouviam deram-se conta da importância de falar e de se expressar mais claramente do que antes. Em Lundarskóli, os alunos estudaram e praticaram a linguagem Bliss, que era a principal linguagem que o aluno com necessidades especiais usava para se expressar.

RESUMO E SUGESTÕES

- Uma consciência do que a inclusão significa em termos de educação escolar precisa ser reconhecida. Ela envolve a compreensão de diferenças e o direito de cada criança de aprender dentro do contexto social da sala de aula, tendo acesso ao currículo, e de se dedicar a atividades de aprendizagem, que reforçam sua auto-imagem e autonomia.
- A prática inclusiva em sala de aula precisa ser influenciada por considerações curriculares e fatores organizacionais. Adaptações são feitas em níveis curriculares, assim como em métodos de trabalho, material e outras condições ambientais. De acordo com isso, as dificuldades de aprendizagem seriam em termos de currículo – ou de ensino, em vez de problemas inerentes ao aluno.
- A prática inclusiva em sala de aula objetiva promover a formação de relacionamentos, um ambiente afetuoso e atencioso; promove ainda igualdade, a possibilidade de apoio permanente e grandes expectativas no nível cognitivo, social e emocional. Os planos individuais para os alunos são considerados positivos apenas se envolverem grandes expectativas e abordarem o contexto da sala de aula comum.

- O ensino em equipe está ligado ao sucesso, ponto em que as necessidades dos alunos variam muito. Os benefícios aparecem em maior diversidade de estratégias e dão aos alunos uma melhor qualidade e quantidade de atenção.
- Dentro do ensino em equipes, os professores precisam ser responsáveis de forma conjunta por todos os alunos. Para assegurar o uso completo da capacidade de trabalho em sala de aula, os professores precisam esclarecer seus papéis e trabalhar próximos e juntos em todos os níveis, ou seja, na tomada de decisões, no planejamento, na avaliação, no ensino e na colaboração com outros fora da sala de aula. Não se considera positivo o fato de um professor atender apenas um ou dois alunos, seja dentro da sala de aula, seja em cenários clínicos.
- A mistura de trabalho em pares, estudo individual e aprendizagem cooperativa é vista como mais desejável para os alunos. A última abordagem mencionada é vista como extremamente eficiente para contribuir com cenários inclusivos.
- Para manter e melhorar a atmosfera social dentro da sala de aula, é necessário planejar atividades. Reuniões formais freqüentes e regulares, preferencialmente presididas pelos alunos, parecem ser bastante produtivas. Em tais reuniões, os alunos falam sobre sua vida diária na escola. Uma "caixa dos segredos" também pode ser útil.
- A participação de todos os alunos na comunidade da sala de aula é vista como sendo de alta importância. Para evitar uma atitude passiva e falta de iniciativa de alguns alunos em interações sociais, os professores devem tomar medidas baseadas na construção de planos formais para melhorar o crescimento social positivo de cada aluno.

4

Colaboração e coordenação

Dois fatores principais parecem apoiar a colaboração nas escolas. Primeiro, as tarefas e os problemas que precisam de conhecimento e de habilidades especializadas diversas para serem resolvidos. Não se pode esperar que uma pessoa possua tudo o que é necessário. Em segundo lugar, uma crescente ênfase em métodos democráticos levou a uma maior participação de vários agentes no processo de educação escolar. Isso é particularmente verdadeiro em pais que agora, mais do que nunca, estão tendo influência na educação escolar de seus filhos.

Nos relatórios das escolas envolvidas no projeto ETAI, a colaboração e a coordenação são mencionadas com freqüência. É evidente que essas questões têm um papel importante dentro de todas as escolas. A colaboração e a coordenação podem ser vistas a partir de diferentes ângulos. A seguir, está uma visão geral dos principais temas que surgiram dos relatórios:
- agentes de colaboração;
- a natureza da colaboração dentro da escola;
- coordenação, processos e avaliação.

AGENTES DE COLABORAÇÃO

A colaboração dos professores foi extensiva. Em todas as turmas houve equipes de dois ou três professores trabalhando juntos. Os professores compartilharam igualmente a responsabilidade pela turma toda, mas especializaram-se em tarefas educacionais específicas, tais como determinadas disciplinas da escola. Não houve caso de um professor ser "o professor geral da turma" e outro ser designado para um ou mais alunos regularmente.

Evidências de colaboração entre professores de turma e outros membros do pessoal também foram amplamente documentadas. As equipes colaborativas foram formadas por um certo período ou para um projeto específico. Também houve evidências de equipes trabalhando juntas por um período indefinido. Os participantes dessas equipes podiam incluir professores, diretores, assim como um especialista em inclusão. Em uma escola em particular, o professor de alunos com necessidades especiais foi inicialmente um membro de uma equipe de uma instituição fora da escola. Os alunos obviamente beneficiaram-se da decisão de transferir aquele professor e torná-lo membro do quadro de pessoal da escola. Desenvolvimentos semelhantes pareciam estar acontecendo dentro das escolas espanholas, apesar de não terem se desenvolvido tanto. Lá, as escolas contavam com uma equipe de especialistas que ia até as escolas e lidava com solicitações específicas. Uma mudança teve que ser feita, de modo que o psicólogo da equipe trabalhasse diretamente com o pessoal da escola para encontrar soluções, em vez de primeiro auxiliar determinados alunos. Essa maneira acabou sendo muito valiosa para a escola.

Em todos os países, deu-se grande ênfase à cooperação entre alunos, principalmente dentro da sala de aula. Esse tipo de cooperação pareceu ser muito substancial em Portugal. Como política, a escola enfatizava a comunicação e o trabalho em equipe. Era costumeiro as crianças trabalharem em grupos de três, onde uma tinha grandes necessidades especiais. Dentro desses grupos, os alunos poderiam ajudar uns aos outros temporariamente ou trabalhar sozinhos. O valor fundamental desse tipo de trabalho em grupo era que os alunos tinham uma série fixa de auxiliares. Nos outros países, a colaboração entre alunos também foi enfatizada. Os professores consideraram a colaboração entre alunos de grande importância para a inclusão, mas a real colaboração, apesar disso, não pareceu realmente ser tão comum quanto desejado.

Dados sobre cooperação entre alunos e interação social fora do ensino foram encontrados principalmente no relatório da Islândia. Lá, a interação social informal foi bastante freqüente dentro da sala de aula. Os professores deram a outros alunos a possibilidade de conversar com Karl sobre coisas que poderiam não estar relacionadas a seus estudos. Ele tinha colegas de brincadeiras no *hall* da escola e do lado de fora, durante a pausa, e seus colegas o visitavam em casa. No momento do estudo, tal interação aconteceu espontaneamente, mas, durante seus primeiros anos de educação escolar, seus professores a tinham promovido em cooperação com seus pais. A análise racional facilitou uma vinculação autêntica que poderia ser transferida a situações fora da escola.

Em três relatórios entre quatro, foi dada considerável atenção à discussão sobre a colaboração lar-escola. Um relato dessa colaboração encontra-se em um capítulo à parte.

Havia também evidências de colaboração substancial entre as escolas e várias outras redes, como autoridades escolares, serviços de apoio escolar e vários especialistas – fonoaudiólogos, psicólogos, terapeutas ocupacionais e terapeutas físicos. Os relatórios espanhol e português mostraram que foi importante para os vários especialistas de fora da escola trabalhar dentro da política que esta tinha estabelecido para colaboração (ver capítulo sobre serviços de apoio).

A NATUREZA DA COLABORAÇÃO DENTRO DAS ESCOLAS

Com relação à natureza da colaboração dentro das escolas, os mesmos elementos pareceram ocorrer em todos os países: questões como investigação, resolução de problemas, planejamento, reflexão, debate, compartilhamento, tomada de decisão e avaliação. Apesar de todos os relatos terem colocado um grande valor na importância da colaboração para a inclusão, o relatório espanhol discutiu o assunto de forma abrangente. Esse relatório trouxe também mostrou a maior parte das evidências sobre a influência da colaboração. Ficou bastante evidente que a maior ênfase em várias formas de colaboração do pessoal levou a "maior segurança do ensino" e "maior coordenação", conforme consta no relatório espanhol. O relatório austríaco chama a atenção para o fato de que a formação do ensino em equipe demanda tempo e esforço. Como qualquer outra forma de colaboração, precisava ser reconhecido que a equipe de desenvolver-se e que os professores devem definir por si mesmos o que a colaboração envolve. Os seguintes elementos foram encontrados como importantes: compartilhamento de princípios educacionais em comum, abertura, confiança, responsabilidade conjunta, resolução de problemas, intercâmbio de papéis e observações.

Em relação aos alunos, apareceram questões similares sobre colaboração. Porém, às vezes, foi usado um vocabulário diferente, com expressões como interação social, comunicação, supervisão mútua, ensino mútuo, responsabilidades compartilhadas, avaliação e resolução de problemas. Devido à ênfase de Lundarskóli em interação social informal, também encontramos conceitos como formar um círculo de amigos, compartilhar, jogar, tocar, atuar e vinculação após a escola. Em relação à aprendizagem, os métodos de aprendizagem colaborativa foram altamente enfatizados em todos os países, e foi vista como um elemento importante para apoiar a inclusão.

Todos os relatórios mostraram evidências de colaboração entre o sistema escolar e outras redes e especialistas. Na Espanha, a EAP de especialistas pareceu ser da maior importância, apesar de outros agentes, como um fonoaudiólogo, serem mencionados. A EAP ajudou o pessoal a contrastar situações e a resolver problemas e levou-os a assumir como foi dito previamente, um papel semi-interno nas escolas ETAI. Pensou-se que isso aumentou a qualidade do trabalho dentro das escolas. Em relação a alunos individuais, havia uma equipe coordenadora que tinha o papel de planejar um currículo personalizado. Em relação a um aluno com necessidades especiais, a natureza da colaboração em geral foi relatada de forma mais abrangente em Lundarskóli. Informações bastante claras sobre a elaboração de políticas conjuntas, a tomada de decisões, o planejamento, a resolução de problemas, a promoção de novos métodos, o relatório e a avaliação foram encontrados aqui. A freqüência da colaboração estava clara e as rotas de contato pareciam seguir processos previamente planejados.

Várias redes colaboraram com Lundarskóli em relação a alunos com necessidades especiais. As equipes foram formadas antes da preparação para a educação escolar. Essas equipes incluíam membros da escola, dos lares, das autoridades comunitárias e dos serviços de apoio escolar. Seu papel era planejar um modelo de ingresso com o propósito de permitir que determinado aluno freqüentasse a escola. Seu trabalho incluía sugestões para a formação do quadro de pessoal, uma fase para o professor chegar a conhecer o aluno, a freqüência formal em um curso interno, alterações no prédio da escola, etc. Conforme mencionado anteriormente, uma equipe coordenadora encontrou-se três vezes ao ano. Sua agenda era apenas apoiar a educação escolar do aluno em questão. Antes de cada reunião, cada membro preparava um relatório curto sobre a situação atual e refletia sobre o progresso alcançado. O papel da equipe era coordenar, investigar, planejar, tomar decisões e avaliar; as autoridades escolares forneciam um coordenador para a equipe. Essas reuniões foram consideradas muito importantes.

COORDENAÇÃO, PROCESSOS E AVALIAÇÃO

Foi mencionado anteriormente a importância dada pelas escolas ETAI à cooperação e à colaboração. Isso relacionava-se a alunos, funcionários da escola, pais e outras redes. Os relatórios salientaram os vários agentes que trabalham juntos e a natureza de sua colaboração. Relativamente pouco foi descoberto sobre várias estruturas ou processos de colaboração dentro das escolas ou entre as escolas e os pais ou as escolas e outras redes. Portanto, pode-se perguntar sobre o que consta nas agendas e sobre os papéis dos participantes, como uma programação foi decidida ou como as várias tarefas foram avaliadas – inclusive a avaliação da própria colaboração. Também havia a questão de quem deveria participar em determinado momento e como esses participantes deveriam ser selecionados. Outras questões, que não estavam claras nos relatórios, incluíam o esclarecimento das responsabilidades por várias tarefas e a definição de agentes iniciadores. Preocupações relacionadas a essas duas questões importantes foram expressas mais claramente no relatório islandês. Às vezes, isso parecia estar claro, mas, em outras vezes, o oposto era destacado. Com relação aos outros estudos de casos, essas questões não foram esclarecidas. Isso não significa que esses fatores possam estar faltando nas escolas, mas pode levar a presumir que isso não fazia parte da investigação.

Nos relatórios, a coordenação é mencionada especificamente em alguns poucos lugares, mas esse conceito foi muito menos freqüente do que o conceito de colaboração. Onde a coordenação foi mencionada diretamente, o papel de cada parte é relatado. Em outras ocasiões, pôde-se presumir, pela descrição, que algum tipo de coordenação aconteceu, especialmente no ensino em equipe de estreita colaboração. Foi interessante ver que, paralelamente a uma maior ênfase em inclusão nas escolas espanholas, houve maior coordenação das atividades educacionais diárias entre os professores, apesar de essa questão não ter sido melhor esclarecida no relatório. A experiência da educação escolar do aluno em Lundarskóli demonstrou que "o crescente número de colaboradores aumentou a necessidade de coordenação e supervisão formal geral".

RESUMO E SUGESTÕES

- Uma colaboração extensiva parece ser de vital importância. Quanto maiores as necessidades especiais, maior a necessidade de colaboração e coordenação.
- Sente-se que a inclusão é uma preocupação da escola toda, e não apenas de uma determinada turma. Portanto, enfatiza-se a necessidade de que as escolas formem uma equipe ou equipes colaborativas de funcionários para apoiar o trabalho dos professores de turma em questão. Essas equipes poderiam incluir o diretor, o coordenador dos alunos com necessidades especiais e outros membros da equipe com conhecimento e habilidades relevantes.
- O ensino em equipe provou ser de grande valor. Recomenda-se não se indicar um professor específico para uma determinada criança dentro da sala de aula. Ao contrário, recomenda-se que os professores compartilhem igualmente a responsabilidade pelo ensino de todas as crianças.
- Considera-se essencial o trabalho colaborativo com os pais, tanto antes da educação escolar da criança como durante a duração integral da mesma. Enfatiza-se a importância de um certo código de igualdade e comunicação entre o lar e a escola estar presente em todos os momentos.

- A colaboração com várias redes é importante. Porém, as necessidades específicas do aluno decidirão a extensão da necessidade de colaboração em determinado momento. Acha-se que é de grande importância que os especialistas externos envolvam-se na cultura total da escola e não limitem seus serviços a um aluno em particular.
- A cooperação entre alunos é vista como um elemento-chave da inclusão. A experiência de aprendizagem colaborativa é recompensadora. Acha-se que é importante apoiar e encorajar o vínculo informal, tanto dentro como fora da sala de aula. Como resultado, os professores precisam adquirir habilidades nessa área.
- O aumento da colaboração em vários níveis aumenta a necessidade de coordenação e de supervisão formal geral. Isso demanda a indicação de um coordenador. A coordenação precisa ser planejada desde o início. Ela se relaciona igualmente ao trabalho colaborativo dentro das escolas, entre as escolas, com os pais e com outras redes.
- O papel de cada participante em um trabalho colaborativo de qualquer tipo precisa ser esclarecido. Isso relaciona-se a questões como responsabilidade, iniciativa, tomada de decisão, promoção, implementação, relatório e avaliação.

5
Interação social dos alunos

Uma das noções centrais da inclusão em escolas é ser aceito na comunidade social da escola, interagindo com os colegas e participando de atividades regulares. As escolas precisam construir uma política que promova esse pensamento em todos os níveis do funcionamento escolar. Encorajar a interação social, a participação e os relacionamentos é uma maneira de implementar essa política. As escolas estudadas reconheceram esse fator importante e objetivaram melhorar a interação social dentro de sua estrutura.

As seguintes questões foram consideradas importantes:
- políticas e organização;
- o planejamento curricular;
- métodos de ensino e ambiente em sala de aula;
- relações sociais informais.

POLÍTICAS E ORGANIZAÇÃO

Em todas as escolas ficou claro o valor de uma construção de políticas sociais. O pessoal da escola portuguesa descreveu sua política como "um projeto que iniciou como uma tentativa de se adaptar às necessidades manifestadas por alguns estudantes considerados 'especiais', e terminou por contribuir para considerar todos os alunos como alunos especiais". Citando o relatório austríaco: "desde o primeiro dia, nós compartilhamos a opinião de que os alunos deficientes auditivos não deveriam ser tratados de forma diferente dentro da escola". Na escola da Ponte, o acesso de cada aluno a uma comunidade social foi assegurado com a formação de equipes heterogêneas de três alunos, às quais eles pertenciam durante todo o tempo. Uma dessas três precisava "ter necessidades maiores" do que as outras. Todos alunos compartilharam uma reunião semanal em que abordaram as funções da comunidade escolar e resolveram conflitos. As escolas consideraram fundamental mudar o ensino para os alunos com necessidades especiais para uma sala de aula de educação geral a fim de aumentar a participação dos alunos no processo de ensino. Porém, isso variou com o grau de avanço das escolas em relação a esse aspecto.

O PLANEJAMENTO CURRICULAR

Não ficou claro a partir dos dados obtidos se os aspectos sociais foram diretamente abordados no currículo geral nas escolas além da escola da Ponte, onde foi reconhecido que inclusão significava uma gestão diferente do mesmo currículo. Na Espanha e na Islândia, planos curriculares individuais foram escritos para alguns alunos. Entre outras coisas, eles incluíam questões sociais. Além disso, na Islândia, um currículo especial sobre questões sociais foi redigido para um aluno em particular. Apesar de ele parecer estar bem integrado socialmente, foi reconhecido que sua incapacidade de se mover e de falar limitava sua iniciativa de construir relacionamentos. O currículo social objetivava a iniciativa, a interação social, a auto-imagem e a conexão com os colegas. Para acompanhar o currículo, foi feita uma lista de verificação sobre a interação. Além de revisar cada um desses aspectos anualmente, a futura política sobre funcionalidade social também era revisada a cada ano.

Apesar de planos individuais para alunos excepcionais não serem feitos na escola da Ponte, eles tinham uma história de tais planos. Alegavam que as versões prévias dos planos individuais eram de longo prazo e concentravam-se em objetivos funcionais, mas abordavam muito raramente domínios sociais, emocionais ou cognitivos. Essa análise levou a um maior desenvolvimento dentro da escola alguns anos atrás. A escola parou de fazer planos individuais para um número limitado de alunos e formou um processo de planos individuais de curto prazo com altas expectativas para cada aluno.

MÉTODOS DE ENSINO E AMBIENTE EM SALA DE AULA

Os métodos de ensino e o ambiente em sala de aula foram descritos em todos os relatórios. Os dados mostraram principalmente dois níveis de complexidade de classes inclusivas. Um relacionado às demandas de habilidades multifacetadas pelos professores, o outro ligado à adaptação pelos alunos.

Fora as habilidades óbvias em áreas temáticas, gestão em sala de aula, etc., os professores precisaram adquirir habilidades para lidar com várias deficiências e habilidades de encorajamento de comunicação positiva, participação e envolvimento dentro do contexto da sala de aula. Os professores sentiram que os métodos colaborativos, como aprendizagem cooperativa, encorajava a interação social dos alunos. Porém, o trabalho individual, as sessões completas de aulas e o trabalho em pares também foram favorecidos.

Outro meio de melhorar a compreensão mútua entre os alunos envolveu a participação de pares em ações direcionadas a alunos individuais. Esse foi o caso em Lundarskóli, onde a turma aprendeu o básico sobre a linguagem de sinais Bliss, e na turma austríaca, onde os alunos chegaram a aprender algo sobre a linguagem de sinais usada pelas crianças deficientes auditivas.

Na maioria dos casos, os alunos adaptaram-se bem às expectativas sociais de comunicação e participação positivas. Os dados da Espanha descreveram como os alunos interagiam enquanto trabalhavam em exercícios e instruíam-se mutuamente. Em geral, os alunos pareciam mostrar uma autêntica academicidade em sua aprendizagem. Porém, em alguns casos, notou-se que alguns alunos tinham dificuldades em adquirir a noção de auxílio recíproco e atenção mútua no trabalho em grupo. Eles tendiam a trabalhar individualmente em grupos e tinham de ser lembrados de seu papel de auxiliar. O relatório austríaco mencionou a importância de auxiliar os alunos na interação, na comunicação e no gerenciamento de conflitos. Como foi mencionado anteriormente, as relações sociais foram bastante enfatizadas dentro da escola portuguesa. Os próprios alunos controlaram como os grupos eram estruturados e escolhiam tarefas, apesar de eles terem de trabalhar dentro de uma estrutura específica. Dentro de cada grupo de três alunos, deveria haver um com necessidades especiais. A cada mês, eles trabalhavam juntos para publicar uma revista da escola, e os alunos com necessidades especiais participavam desse processo da mesma forma que seus demais colegas. O relatório português levantou a questão de afeição dentro do trabalho de grupo e a necessidade de evocar tal condição. Na escola da Ponte, a transferência de afeição foi notada de uma geração de alunos para outra.

Em alguns casos, notou-se que os alunos com necessidades especiais adotaram uma atitude passiva quando os métodos para a turma inteira foram usados e raramente participavam por sua própria iniciativa.

Em todas as salas de aula, foram arranjadas mesas para que os alunos colaborassem em grupos de dois a seis alunos ou sentassem juntos em filas longas ou em uma fila de mesas em forma de U. Cantos específicos para brincadeira e descanso, assim como espaço livre, foram arranjados sempre que possível.

RELAÇÕES SOCIAIS INFORMAIS

Três relatórios mencionaram interações sociais informais. A interação social informal entre os alunos aconteceu principalmente enquanto eles estavam menos ocupados, por exemplo, entre uma tarefa e outra, ou relacionada a uma atividade de entretenimento. Na maioria dos casos, a interação foi de natureza positiva e apoiadora. Não houve dados de rejeição de alunos, mas houve exemplos de alunos com necessidades especiais que adotaram uma atitude passiva em relação a seus colegas de aula e não participaram do jogo com eles.

Em Lundarskóli, foi dada grande ênfase à interação social dos alunos dentro do contexto da sala de aula, especialmente em relação ao aluno deficiente físico. Os alunos foram encorajados a se aproximar dele durante aulas específicas para conversar, cochichar em seu ouvido, contar piadas, mostrar alguma coisa, fazer "lutas de brinquedo" ou outro contato físico, ou ainda uma combinação para brincar após o horário escolar. No início, os professores promoveram atividade extracurricular dessa natureza, que gradualmente se tornou supérflua. Seus colegas de aula revezaram-se para acompanhá-lo pelas dependências da escola. Quando ele tinha de ficar dentro do prédio durante as pausas, os professores asseguravam que ele sempre tinha colegas para brincar. Os colegas de aula também revezaram-se para acompanhá-lo à fisioterapia e entre os prédios da escola, por exemplo, ao ginásio de esportes.

O envolvimento parental para encorajar a interação social foi mencionado em dois relatórios. Os pais em geral apoiaram a escola da Ponte para que esta encorajasse relações sociais dentro da escola. Eles também trabalharam com a escola em um projeto de desenvolvimento especial direcionado a tornar os estudantes participantes ativos na sociedade após sua educação escolar. Em Lundarskóli, o envolvimento parental concentrou-se em integrar o menino deficiente físico. Os professores planejaram ocupações sociais dentro da escola, mas a mãe do aluno em questão planejou atividades sociais que aconteciam fora da escola. Foi feita uma aliança com alguns outros pais da turma para fortalecer a amizade formaram-se grupos de brincadeiras. As autoridades apoiaram isso, fornecendo uma pessoa de apoio para trabalhar na casa do aluno. Ao fazer isso, ele poderia ter visitas de colegas como as outras crianças ou fazer visitas após o horário escolar para brincar, assistir a vídeos, jogar xadrez, etc. Brincadeiras ao ar livre foram organizadas com colegas, tais como ir à piscina e ir a partidas de bocha onde ele poderia ser um participante ativo.

RESUMO E SUGESTÕES

- A importância da interação social, dos relacionamentos e da participação precisa ser reconhecida no processo de inclusão. A escola faz parte de um todo maior, incluindo outras unidades como o lar e a comunidade da criança, que inclui amigos e suas famílias, serviços e ofertas de recreação. A escola precisa ser uma promotora-chave nesse processo.
- Para encorajar a interação, a participação e o envolvimento de todas as condições de sala de aula dos alunos, os métodos de ensino e o ambiente em sala de aula precisam refletir essa política. A aprendizagem cooperativa e a promoção de afeição genuína, que é assegurada pela continuidade, são essenciais.
- Os professores precisam ser apoiados na aquisição de habilidades e na compreensão de como melhorar as maneiras de comunicação e as relações sociais. Isso é especialmente necessário quando alguns alunos necessitam de maneiras especiais para compreender e ser compreendidos por seus colegas.
- Os funcionários das escolas precisam estar constantemente conscientes de como os alunos interagem e participam em todos os níveis dentro da escola. Para evitar um comportamento social passivo, devem ser feitos planos sociais para a turma, assim como para os indivíduos.
- O papel dos pais no desenvolvimento de relações sociais precisa ser destacado.

6

Colaboração lar-escola

A colaboração entre o lar e a escola tem o propósito de melhorar o entendimento recíproco da – e o apoio para a – educação das crianças. Isso pode ser feito pelo fortalecimento das vias de comunicação, da participação na tomada de decisões, do desenvolvimento de contatos formais e informais e do fornecimento de múltiplos métodos de intervenção.

Todos os quatro relatórios comentaram sobre essa questão. Porém, houve considerável diferença na quantidade de dados disponíveis dos países. Em um caso, a colaboração entre a escola e os pais ocorreu dentro da estrutura usual de colaboração lar-escola. Em outros casos, o trabalho recebeu profundidade e intensidade extras.

Os seguintes temas foram desenvolvidos a partir dos relatórios:
- iniciativa e participantes;
- duração e forma de colaboração;
- a natureza da colaboração;
- coordenação, responsabilidade, iniciativa e atitude.

INICIATIVA E PARTICIPANTES

Os dados sugeriram que a iniciativa para a colaboração veio da escola, dos pais ou de um sistema de apoio que tinha sido previamente envolvido no interesse da criança. Os professores do aluno mantinham a colaboração com os pais em nome da escola. Também houve exemplos nos dados de um envolvimento regular do diretor e do coordenador de educação especial. Além disso, os funcionários e os pais, e uma terceira parte, geralmente pessoal de serviços de apoio, estavam freqüentemente envolvidos.

DURAÇÃO E FORMA DE COLABORAÇÃO

Nos três casos, a colaboração entre o lar e a escola começaram antes da matrícula. No quarto caso, as necessidades especiais não foram identificadas antes de as crianças freqüentarem a escola. Portanto, não foi tomada ação especial antes da educação escolar. Em todos os países, a colaboração foi constante durante os anos escolares dos alunos. A quantidade de tempo para colaboração e a freqüência de contato variaram. No relatório de Portugal, houve alguns dados sobre a preparação para a vida adulta dos alunos antes de terminar a escola.

A estrutura da colaboração não foi claramente relatada. O relatório islandês dá uma visão razoavelmente clara da estrutura do período anterior à escola até o período de estudos. A preparação começou um ano antes da educação escolar. Em outros casos, parecia haver menos tempo planejado para preparação: um encontro com os pais antes da matrícula ser confirmada.

Há documentação, tanto de Portugal como da Islândia, de que, quando os alunos ingressaram na escola, uma estrutura formal foi ativada. Na escola da Ponte, os pais freqüentaram uma reunião de grupo no outono, encontraram-se mensalmente com o pessoal durante o inverno e foram trocados cadernos com recados diariamente. Também houve contatos informais. Em Lundarskóli, o lar e a escola também trocaram um caderno diariamente que serviria para recados. A mãe reuniu-se semanalmente com os professores e, mensalmente, com uma equipe do pessoal, envolvendo os professores, o diretor, o coordenador de educação especial e, às vezes, o psiquiatra. Ela e a equipe escolar também reuniram-se com pessoas dos serviços de apoio três vezes ao ano. Finalmente, a mãe foi uma participante ativa juntamente com outros pais nas atividades sociais destinadas à turma como um todo.

A NATUREZA DA COLABORAÇÃO

Os dados sustentam a noção de que a colaboração é iniciada com o propósito de preparar a escola, a criança e os pais e, depois disso, formular uma política, apoiar o progresso e trocar informações. Nos três casos, houve evidências de pais que influenciaram a elaboração de políticas com relação a planos individuais ou criaram políticas personalizadas. No mínimo, os pais deram sua aprovação para o plano feito pela escola e pelos serviços de apoio.

A mãe da criança deficiente física na escola islandesa relatou que, sentiu inicialmente, ela e seu marido não haviam sido levados em consideração como membros integrantes do processo de tomada de decisões. Ela achou a situação extremamente difícil e procurou o apoio de uma pessoa de fora.

Essa pessoa acompanhou-a às reuniões e ajudou-a a analisar a discussão. Esse problema foi resolvido mais tarde pela escola e pelos pais.

A colaboração durante o tempo em que os alunos freqüentaram a escola variou. Em um caso, pareceu haver pouco contato. Em outro caso, o contato pareceu ser principalmente de natureza informativa pela escola, em vez de ser uma confecção conjunta de políticas. Dessa turma, todos os pais, com exceção de um, ficaram satisfeitos com a colaboração. Eles sentiram que foi da maior importância obter informações sobre o estado emocional de seus filhos e sobre seu comportamento. Em outros casos, o contato foi bem-estabelecido e as expectativas foram bastante claras. Nesses casos, houve evidências de elaboração de políticas e avaliação conjuntas.

A comunicação diária trocada por meio de um caderno teve seu valor. Comentou-se sobre hábitos alimentares, sono, emoções, itens quebrados ou perdidos, incidentes considerados significativos, informações referentes a mudanças de comportamento observadas em casa e/ou na escola e anotações recíprocas de apreciação e afabilidade.

Reuniões regulares entre os professores e os pais contribuíram para a solução de dificuldades menores e levaram à troca de opiniões, à resolução de problemas e a um planejamento para o período seguinte. Além visarem à aprendizagem e à saúde, essas reuniões foram usadas para planejar interações sociais entre alunos dentro e fora da escola. Dados da escola Lundarskóli mostraram exemplos de tal planejamento conjunto em que os professores melhoraram a interação social dentro da escola, enquanto os pais simultaneamente apoiaram contatos sociais e eventos fora da escola. Há exemplos de pais que ajudaram na aquisição do equipamento essencial necessário ao desenvolvimento de projetos na escola. Na escola da Ponte, os pais e os professores planejaram juntos processos para facilitar a transição dos alunos para a vida adulta após concluírem a educação obrigatória.

COORDENAÇÃO, RESPONSABILIDADE, INICIATIVA E ATITUDE

Informações diretas nos relatórios sobre a organização da colaboração entre o lar e a escola foram raras. Porém, é evidente, julgando por algumas delas, que a colaboração veio após uma certa estrutura e freqüência. Vários tipos de reuniões foram realizadas e ficou claro quem as freqüentou a cada vez. Porém, houve falta de informações em todos os relatórios sobre quem deveria ter a iniciativa de fazer contato e construir uma estrutura para a colaboração. Três relatórios comentaram em certo grau sobre habilidades e atitude. Isso relacionava-se à falta de consideração por um envolvimento igual dos pais e à necessidade de os professores desenvolverem habilidades de comunicação, e como tais habilidades poderiam ter um papel importante em uma colaboração bem-sucedida.

RESUMO E SUGESTÕES

- A atmosfera dos relatórios apontou para a questão de que uma colaboração próxima entre a escola e o lar não é apenas necessária, mas essencial para uma educação escolar progressista. A menos que haja colaboração e envolvimento das famílias, as chances de sucesso são bastante reduzidas.
- A colaboração entre lar e escola precisa começar bem antes de os alunos serem apresentados à escola e ser constante durante sua educação escolar. O escopo e a natureza da colaboração relaciona-se às necessidades de cada aluno. O trabalho beneficia-se da noção de que todas as crianças são vistas como se tivessem necessidades especiais.
- Os professores e os pais precisam valorizar e respeitar a habilidade de cada um a fim de construir uma colaboração progressista e produtiva.
- Sugere-se que o sistema de apoio inicie a colaboração entre a escola e o lar. Isso precisa ser feito pelo menos um ano antes do início da educação escolar. Nos casos em que um sistema de apoio não foi envolvido nos primeiros anos de uma criança, a escola precisa ter a iniciativa de formar colaboração dentro do lar.
- Assim que um contato entre a escola e o lar for estabelecido, a escola deve assumir o papel da coordenação, formar, em colaboração com os pais, um plano estruturado, que mostre claramente a freqüência de contatos e declare os propósitos e as expectativas da colaboração. Uma avaliação regular da qualidade da colaboração precisa estar presente.
- Da mesma forma como a fase de preparação anterior à educação escolar, ela precisa ser uma tarefa conjunta a fim de preparar os alunos para a transição para a vida adulta ou para o próximo nível escolar quando eles se confrontarem com mudanças significativas.

7
Avaliação e preparação

A avaliação e a preparação têm dois propósitos principais: o primeiro é fornecer informações sobre uma situação ou desempenho para fins comparativos. Isso geralmente é feito em um determinado momento, como no final de um período de trabalho ou estudo (preparação ou avaliação somativa). O segundo propósito é fornecer informações que serão usadas para orientação. Isso é feito geralmente durante o processo de trabalho ou estudo (preparação ou avaliação formativa). O primeiro propósito tende a ser mais crítico do que o segundo. Aqui é feita uma discriminação entre a avaliação e a preparação. A preparação é usada aqui para o trabalho dos alunos, e a avaliação para o trabalho das escolas. Também é feita uma distinção entre avaliação ou preparação interna e externa. A avaliação ou preparação interna refere-se ao que as pessoas na escola fazem em relação a essa atividade, a externa referindo-se à avaliação que se origina de pessoas de fora da escola.

Os dados do estudo ETAI forneceram avaliação e preparação de ambos os tipos. A maioria das informações referia-se à avaliação interna, apesar de haver alguns dados sobre a avaliação externa. As perspectivas nos relatórios espanhol e português foram direcionadas ambas a mudanças escolares holísticas, enquanto os outros dois relatórios concentraram-se mais na sala de aula sendo estudada.

As seguintes questões foram identificadas no estudo:
• propósitos da avaliação e da preparação;
• avaliação interna e externa;
• abordagens formais e informais.

PROPÓSITOS DA AVALIAÇÃO E DA PREPARAÇÃO

Os vários tipos de investigação dependeram dos propósitos de cada caso. Alguns foram direcionados à escola como um todo, enquanto outros relacionaram-se à vida na sala de aula. Um número considerável teve conexão com os alunos, mas alguns eram direcionados aos professores e a seu trabalho acadêmico. Além disso, houve um exemplo da Áustria de reunir escritos de registros diários dos professores a fim de ajudar a escola a decidir quais fatores deveriam ser enfatizados no futuro.

AVALIAÇÃO INTERNA E EXTERNA

Houve dados substanciais de Portugal sobre avaliação em relação ao desenvolvimento escolar e a mudanças na escola toda. O próprio pessoal realizou todas as avaliações. Foram identificados quatro períodos principais de avaliação na história da escola, cada um direcionando-a significativamente a abordagens inclusivas. Alguns desses direcionamentos foram bastante radicais, como por exemplo quando a escola suspendeu a colaboração com a "equipe especial de Educação", a qual era um serviço de apoio externo. Isso levou ao abandono do currículo individual para crianças com necessidades especiais. Uma nova abordagem foi adotada, na qual currículos personalizados foram redigidos para todos os alunos (ver planejamento curricular).

A experiência espanhola informou sobre dois processos de avaliação internos, ambos de natureza formal. Apesar de o primeiro ter sido iniciado pela Administração Educacional, foi conduzido pelo próprio pessoal com a finalidade de iniciar mais melhorias. O outro projeto de avaliação estava conectado ao projeto da Unesco. Esse também foi realizado pelo pessoal juntamente com a EAP semi-interna, que é uma equipe de especialistas. Entre vários resultados, os professores descobriram que se tornaram capazes de confrontar questões que eram normalmente muito difíceis de discutir, e acordos coletivos deram a eles maior segurança. Eles também sentiram que a equipe EAP semivinculada foi uma força motriz dentro das escolas.

AVALIAÇÃO INTERNA

Dados consideráveis foram encontrados em todos os relatórios referindo-se à avaliação de professores do trabalho em suas salas de aula, assim como à apreciação do desenvolvimento e da aprendizagem dos alunos. As equipes de professores compartilharam as responsabilidades para avaliação no nível de sala de aula. Todos os professores fizeram gravações em vídeo e reuniram-se constantemente para reflexão a fim de adaptar os planos às necessidades dos alunos.

A apreciação aconteceu em todas as escolas antes do início do ano escolar ou, no mínimo, quando os alunos iniciavam o ano escolar, de modo que as escolas pudessem atender às suas necessidades de forma adequada. Planos individuais foram constante ou regularmente ajustados às necessidades dos alunos. Em Portugal, isso foi feito a cada duas semanas. Esses professores reuniam-se para reflexão ao final de cada dia.

Em Lundarskóli, foi feita uma verificação extensiva sobre a interação social na escola. Isso foi realizado em todas as turmas e usado como base para a elaboração de políticas posteriores. Com relação à turma sendo estudada e especialmente ao aluno deficiente físico, foram feitos planos para intensificar sua iniciativa, sua interação social e sua auto-imagem. Listas de verificação foram criadas para avaliar o progresso e o desenvolvimento. Consultores externos auxiliaram em ambos os casos.

Os professores austríacos mantinham registros diários e gravavam as atividades em sala de aula em uma fita de vídeo para uma avaliação de longo e curto prazo. Além de ser uma documentação para uso desenvolvimentista posterior, esses dados também foram usados como uma forma alternativa de avaliar os alunos.

O pessoal de ensino das escolas espanholas refletiu junto sobre as práticas educacionais. Além de reuniões com todo o pessoal, isso foi feito dentro de grupos de professores que lecionavam em duas séries.

A apreciação da aprendizagem dos alunos não foi o enfoque principal do estudo. Porém, alguns relatórios referiam-se a tal questão. Na turma austríaca, métodos alternativos foram preferidos em relação ao sistema de notas tradicional. Não foi ilustrado em detalhes quais alternativas foram usadas além do uso de cadernos e de gravações em vídeo como base para a avaliação. A escola da Ponte desenvolveu um sistema em que os alunos poderiam comunicar o que haviam aprendido quando desejassem. Os alunos também decidiam quando queriam "fazer uma verificação do aprendizado". Pôde-se deduzir, a partir do relatório islandês, que a avaliação do trabalho dos alunos seguiu a interação verbal e a testagem tradicional.

AVALIAÇÃO EXTERNA

Três escolas relataram sobre uma avaliação externa de algum tipo. Os pais de alunos na escola da Ponte reuniam-se mensalmente com o pessoal de ensino para avaliar projetos em andamento na escola.

As escolas espanholas experienciaram uma avaliação externa substancial. Estar envolvido no projeto da Unesco – "Em direção a uma escola efetiva para todos os alunos" – por dois anos envolveu avaliação externa, assim como interna. Os membros da administração educacional, os professores de universidades catalãs e membros das Equipes de Avaliação e Orientação Psicopedagógica conduziram a avaliação. Além disso, uma inspeção educacional externa aconteceu em algumas ocasiões.

Em Lundarskóli, houve o caso de três processos de avaliação relacionados a semi-externo/interno. Todos esses processos foram focalizados sobre o aluno deficiente físico e seu envolvimento na prática em sala de aula. Semanalmente, a mãe e ambos os professores reuniram-se para um reflexão, a fim de melhorar as formas de trabalho. Mensalmente, esse mesmo grupo reuniu-se com os diretores, coordenador de educação especial e, às vezes, o psicólogo ou um consultor da autoridade local. Essas reuniões foram mais formais do que as reuniões semanais. Houve troca de informações, reflexão e elaboração de políticas. Finalmente, três vezes por ano, as reuniões foram realizadas com vários especialistas, consultores, uma pessoa da autoridade local e os pais. Essas reuniões foram bastante formais e tinham uma agenda estabelecida de antemão. Antes dessas reuniões, as pessoas distribuíam dados sobre o progresso do aluno. Nas reuniões avaliava-se a situação, e as decisões eram tomadas com base na avaliação. Apenas um exemplo foi encontrado de pura avaliação externa em Lundarskóli. Essa ocorreu após a candidatura de um professor para o projeto Helios II. Os agentes da Comunidade Européia avaliaram o trabalho na classe inclusiva baseando conclusões em entrevistas com várias pessoas ligadas à escola, em registros de vídeo, etc.

Alguns processos avaliadores foram tanto externos como internos. Esse foi o caso quando pessoas externas, geralmente especialistas, reuniam-se freqüentemente com professores e aceitavam trabalhar de acordo com a abordagem inclusiva da escola toda. Em tais casos, havia-se constituído muita confiança entre os diferentes agentes. Nos dois casos, os pais eram uma das partes de uma equipe de avaliação externa/interna.

ABORDAGENS FORMAIS E INFORMAIS

É desnecessário dizer que toda a avaliação externa foi conduzida após procedimentos formais. Agentes externos fizeram entrevistas, estudaram documentos, distribuíram questionários, etc.

A avaliação dentro das escolas foi tanto formal como informal. Os dados sugeriram que uma reflexão informal constante pelas equipes de professores era o modo mais comum de avaliação. Eles também tinham programado reuniões seja com equipes de professores, grupos maiores de professores ou com o pessoal como um todo. Foi bastante comum em todas as escolas observar a prática em sala de aula a partir de gravações em vídeo e usá-las para reflexões. Algumas vezes, as escolas optaram por listas de verificação ou questionários.

Alguns relatórios forneceram informações sobre processos e regularidade da avaliação. Outros informaram sobre uma combinação de várias freqüências de reuniões. Elas poderiam ser diárias, semanais, a cada duas semanas, mensais ou três vezes ao ano. Dois professores ou pequenos grupos reuniam-se diariamente ou semanalmente mas, à medida que mais pessoas compareciam às reuniões, o tempo entre cada uma delas se tornava maior. A reflexão e a avaliação pareceram ser elementos fortes no trabalho das escolas sendo estudadas. Uma avaliação constante ajudou o pessoal, os pais e os serviços de apoio a adaptar e melhorar as práticas. Porém, foi notável que a participação dos alunos tenha sido mais ou menos nula. O exemplo mais próximo disso foram as reuniões mensais da escola da Ponte em Portugal.

RESUMO E SUGESTÕES

- Uma reflexão e uma avaliação freqüentes e colaborativas parecem melhorar a prática e dar ao pessoal segurança e confiança quando adotam novas práticas.
- As escolas precisam formar políticas sobre avaliação e apreciação, especificando o propósito, a natureza, a forma, os participantes e a programação em cada caso.
- A avaliação interna precisa ser uma parte do desenvolvimento escolar. Também serve ao propósito de reflexão constante sobre a prática em sala de aula.
- Uma mistura de abordagens formais e informais parece ser útil. As abordagens formais parecem ser mais adequadas quando uma escola deseja atender certas áreas predeterminadas. Quanto maior o número de pessoas envolvidas na avaliação, mais formal torna-se a situação.
- Vários modos de investigação são recomendados, como gravação em vídeo, registro em cadernos, reflexão verbal, entrevistas, questionários, estudo de documentos.
- É válido considerar o envolvimento formal dos alunos no processo de reflexão, a fim de melhorar as práticas na escola e na sala de aula.

8
Serviços de apoio

A definição do que são serviços de apoio e onde eles estão localizados parece ter mudado ao longo dos anos. Até recentemente, esses serviços eram considerados como avaliação e apoio especializado para alunos e suas famílias realizados por um grupo ou profissionais. Os professores poderiam se beneficiar desse trabalho em relação a seus alunos. Os profissionais iriam, com mais freqüência, trabalhar em cenários clínicos e preocupar-se com indivíduos, e não com grupos ou turmas inteiras. Esses serviços tendiam a ser externos às escolas.

A pesquisa atual coletou alguns dados sobre diferentes papéis dos serviços de apoio. Vários especialistas foram mencionados nos quatro relatórios, tais como fonoaudiólogos, psiquiatras, terapeutas ocupacionais, fisioterapeutas, assistentes sociais e consultores educacionais de várias áreas de especialização. A rede que fornecia os serviços às escolas variava, mas todos os serviços específicos estudados nessa pesquisa pareceram ter-se adaptado aos requisitos de escolas inclusivas. Algumas características tradicionais foram identificadas, mas também havia fortes evidências de outros desenvolvimentos.

Os seguintes temas surgiram a partir dos dados:
- o desenvolvimento de áreas de especialização dentro das escolas;
- a transferência de serviços externos para as escolas;
- a natureza do apoio;
- ocasiões para intervenção.

O DESENVOLVIMENTO DE ÁREAS DE ESPECIALIZAÇÃO DENTRO DAS ESCOLAS

Em termos gerais, uma área de especialização dentro das escolas não seria considerada parte de serviços de apoio. Porém, os dados destacaram o desenvolvimento de vários tipos de áreas de especialização dentro das escolas, o que, em alguns casos, tinha sido inicialmente externo. Dados extensivos foram encontrados sobre conhecimento e habilidades especiais, que os professores adquiriram. Eles ou tinham algum tipo de especialização anterior a seu ingresso na escola, ou envolveram-se em programas de treinamento interno quando estavam preparando-se para assumir essas turmas. Os professores da turma austríaca eram especialistas no plano Jena e no ensino de crianças deficientes auditivas. Um dos primeiros professores de turma em Lundarskóli foi um professor de Educação física e terapeuta desenvolvimentista (pedagogo social) treinado. O professor, que assumiu seu posto de trabalho tinha dois anos de treinamento extra em educação especial. Todos os professores foram treinados na linguagem Bliss e em aprendizagem cooperativa. Na escola da Ponte, os professores concordaram em se especializar em diferentes aspectos, apesar de continuarem a lecionar para todas as crianças. Isso também aplicava-se aos outros países.

Conseqüentemente, os professores tornaram-se capazes de realizar tarefas de ensino complicadas como o apoio. Alguns serviços específicos também tornaram-se tarefa dos professores de turma. Além disso, outros membros do pessoal freqüentemente tinham um grau de especialização significativo e estavam vinculados à turma como consultores, por exemplo, durante a fase de planejamento.

Os relatórios revelaram uma demanda por pessoal qualificado e instruído, a fim de levar adiante a abordagem inclusiva. Portanto, as escolas adotaram uma estratégia para aumentar várias áreas de especialização, seja encorajando o treinamento interno ou empregando pessoal com as habilidades e o conhecimento necessários.

A TRANSFERÊNCIA DE SERVIÇOS DE APOIO EXTERNO PARA AS ESCOLAS

Originalmente, a maioria dos serviços de apoio era externa às escolas e no passado, era dedicada a alunos individuais, com bastante freqüência em cenários clínicos. Esse tinha sido o caso com as escolas neste estudo. As conclusões apontaram algumas mudanças em relação a isso. Não está claro se isso deveu-se ao desenvolvimento da educação inclusiva ou a uma parte de um desenvolvimento mais geral. Houve evidências extensivas de mudanças na abordagem desses serviços. Especialistas de várias instituições trabalharam colaborativamente em equipes com o pessoal das escolas junto com os pais. Buscaram-se soluções holísticas por meio da resolução conjunta de problemas e a inclusão da especialização. Essa forma pareceu encorajar a sinergia, enfatizando que, unida, a equipe realizou mais do que os indivíduos o fariam separadamente. Essa maneira de trabalhar exigiu uma coordenação entre as escolas e entre os serviços. A coordenação pareceu mais efetiva quando contou com o apoio aberto das autoridades educacionais. Essa foi a experiência em Lundarskóli – um grupo de especialistas e conselheiros, coordenando e esclarecendo a responsabilidade de cada parte e desenvolvendo os métodos de trabalho da colaboração.

Similarmente, a partir da experiência catalã discorreu-se sobre o apoio em nome das autoridades educacionais e sobre o contato freqüente com as escolas, enquanto o projeto da Unesco estava sendo realizado. Porém, as escolas em questão notaram, com o passar do tempo, uma menor iniciativa por parte das autoridades educacionais. O fato causou certa preocupação dentro das escolas.

Na escola da Ponte, a abordagem clínica dos serviços de apoio levou à suspensão da colaboração, após um processo longo e difícil de negociações. Um vínculo colaborativo foi restabelecido mais tarde. Uma conseqüência da interrupção da colaboração foi que um professor de educação especial, originalmente um membro de um serviço externo, tornou-se membro do pessoal da escola. Na Catalunha, a natureza do contato não levou a nenhuma quebra no relacionamento. Os serviços de apoio externo mudaram suas práticas e começaram a trabalhar como se fizessem parte da escola.

A NATUREZA DO APOIO

Nos relatórios, houve referências aos ajustes que os serviços de apoio tiveram que fazer em suas abordagens a fim de se adaptar às necessidades da escola inclusiva. Eles tenderam a estabelecer um contrato funcional do tipo colaborativo com as escolas. Este caracterizava-se pela igualdade em relação ao valor da especialização. Os serviços de apoio introduziram seu conhecimento específico a fim de enriquecer a habilidade do pessoal de ensino e, por sua vez, foram enriquecidos pela especialização dos professores. Esse fato tornou-se evidente tanto dentro dos grupos de pessoal nas escolas que compartilhavam várias especializações como em cooperação com serviços externos.

Na Catalunha, por exemplo, as Equipes de Avaliação Psicopedagógicas (EAP) foram encarregadas de ativar e coordenar atividades educacionais direcionadas ao pessoal de ensino. As EAPs descobriram que a experiência trazida pelos professores de turmas era de grande valor. Em relação a isso, a opinião expressa pelas EAPs sobre como elas poderiam intervir nas diferentes escolas foi realmente muito significativa. O trabalho tomou as características de intervenção colaborativa, o que significou uma verdadeira mudança de padrão, à medida que a especialização sendo compartilhada deixou de ser privilégio de especialistas. Eles começaram a se encontrar em uma necessidade constante de treinamento e atualização, de acordo com as exigências feitas por alunos e com as prioridades estabelecidas pelas escolas.

A natureza das intervenções por serviços de apoio referia-se principalmente a avaliação, consulta e treinamento do pessoal de ensino. Essa função parecia ter maior aceitação do que o trabalho clínico com os alunos. A experiência islandesa relatou vários exemplos ilustrando isso. Especialistas do Centro de Diagnóstico e Aconselhamento do Estado deu aos professores instruções sobre o uso de apoios e sobre treinamento físico. Um instrutor de voz mostrou aos professores como eles poderiam ajudar a preservar a voz de um aluno e ensinou-lhes os fatores a serem levados em consideração quando este era alimentado. Um fisioterapeuta deu instruções sobre postura, alongamento e massagem. Um terapeuta ocupacional deu conselhos sobre o uso de vários equipamentos, como o carrinho, a cadeira de rodas, etc.

Quando os serviços de apoio intervieram diretamente com os alunos ou suas famílias, eles adaptaram suas maneiras de trabalhar até certo ponto. Essas adaptações ou mudanças foram caracterizadas por apoiar aqueles aspectos curriculares que permitiam aos alunos com necessidades especiais continuarem a freqüentar a escola dentro de um contexto comum.

Algumas evidências demonstraram ajudar a reforçar as habilidades sociais que permitiram aos alunos com necessidades especiais participar de atividades comuns junto com seus colegas de turma, dentro e fora da escola. Um exemplo disso veio de Lundarskóli, onde o consultor educacional colaborou com os professores para construir uma política para a interação social.

Os serviços de apoio, os quais, em sua maioria, eram externos às escolas, encontraram diferentes maneiras de abordar e envolver-se diretamente no trabalho diário dos professores. Essa abordagem mudou o *status* desses serviços e, em alguns casos, eles não seriam mais considerados apenas externos.

OCASIÕES PARA INTERVENÇÃO

Todos os relatórios destacaram a importância da participação dos serviços de apoio antes do início da educação escolar. Em muitos casos, esses serviços foram aqueles que informaram às escolas sobre os alunos que necessitavam de atenção especial quando freqüentassem a escola.

Com relação à preparação para a escola, os serviços de apoio tiveram um papel importante na identificação de necessidades educacionais. Na escola da Ponte, psicólogos, psiquiatras, médicos, terapeutas, professores, assim como as famílias e as autoridades escolares, todos participaram da preparação das crianças para a escola. Experiências semelhantes também ocorreram na Áustria, na Islândia e na Catalunha. Esses serviços formaram um vínculo entre a pré-escola e a escola de ensino fundamental.

Houve variação no quanto os serviços intervieram com relação aos alunos que já estavam na escola. Geralmente, dependeu da complexidade das necessidades dos alunos e de quão confiantes e capazes os professores eram. As principais tarefas referiam-se à identificação de necessidades, avaliação do progresso, monitoramento, assistência para a resolução de problemas e consultoria e treinamento do pessoal de ensino. Alguns dados deveriam ser encontrados sobre o trabalho clínico do serviço externo, mas a principal ênfase foi obviamente o tipo de apoio, cujo objetivo era capacitar o pessoal de ensino.

Finalmente, esses serviços também tiveram um papel importante no apoio dado aos alunos com necessidades especiais em sua transição de um estágio para outro.

RESUMO E SUGESTÕES

- O papel dos especialistas externos parece estar se afastando da abordagem clínica em direção a uma classe colaborativa total e a soluções escolares totais. Portanto, os serviços de apoio precisam adaptar seus objetivos, organização e métodos a novas solicitações atualmente impostas por escolas inclusivas. Tal trabalho colaborativo permite compartilhar várias áreas de especialização e gerar uma nova área de especialização. Isso capacitaria os professores.
- Os professores assumem cada vez mais tarefas previamente realizadas por serviços externos. Isso influencia as demandas por treinamento de pessoal e, conseqüentemente, o papel dos serviços de apoio em tal treinamento.
- A adoção de tarefas de apoio específicas pelo pessoal de ensino pode criar a possibilidade de superar a tradicional separação entre educação especial e educação integradora. O rompimento dessa fronteira torna-se, então, uma das chaves para a inclusão.
- A intervenção feita pelos serviços de apoio antes da matrícula na escola é vital para um início sem dificuldades em uma carreira escolar.
- As responsabilidades pela coordenação dos serviços de apoio e as relações entre estes e a escola deveriam ser claramente definidas. Isso é visto como essencial. A posição adotada pelas autoridades educacionais com relação a isso apareceria como decisiva.
- Finalmente, todos parecem concordar que, quando as escolas e os serviços de apoio enfrentam dificuldades juntos, a adoção de uma atitude positiva e aberta torna-se a melhor arma ao alcance dos profissionais para superá-las.

9

Desenvolvimento de pessoal

O desenvolvimento do pessoal concentra seu principal foco nas pessoas dentro de uma organização, promovendo seu crescimento com o auxílio de interação pedagógica. A expressão *desenvolvimento de pessoal* refere-se à obtenção, por parte dos professores, de conhecimento, de habilidades e de compreensão adicionais para seu trabalho. Os esforços para o desenvolvimento de pessoal dirigem-se ao professor individualmente, a grupos de professores e ao pessoal como um todo. Isso pode assumir diversas formas, desde programas formais até situações muito informais. Assim, os professores podem participar de cursos, de oficinas, de projetos em que uma pessoa de apoio externo ou outra terceira parte participa como consultora. Os professores também podem educar-se fora de programas de treinamento específicos, estudar seu próprio ensino e aprender através da reflexão e da resolução de problemas.

Nas escolas envolvidas no projeto ETAI, o desenvolvimento do pessoal foi reconhecido como um fator específico e importante. A maneira pela qual os quatro relatórios abordaram os dados diferiu no sentido de que dois deles relataram apenas um caso de uma sala de aula dentro de uma escola, mas os relatórios espanhol e português forneceram dados sobre as escolas como organizações. Porém, encontrou-se muitas semelhanças no desenvolvimento do pessoal e de professores individuais nos dados.

Os seguintes fatores foram identificados:
- o histórico educacional dos professores;
- a natureza e a forma de atividades para o desenvolvimento do pessoal;
- os participantes no desenvolvimento do pessoal;
- o conteúdo no desenvolvimento do pessoal;
- o apoio financeiro e a transferência de conhecimento.

O HISTÓRICO EDUCACIONAL DOS PROFESSORES

Apesar de todos os professores de turma terem experiência, eles apresentavam um histórico educacional variado. Em Lundarskóli, um era treinado como professor, e outro, como terapeuta desenvolvimentista e instrutor de educação física. Na turma austríaca, ambos os professores tinham cursado especialização em educação especial. Um deles era especialista em deficiência auditiva e o outro tinha se especializado no plano Jena, uma pedagogia progressista. Os professores em Portugal lecionavam como grupo e eram todos professores de turma, a não ser um que era educador especial treinado. Os professores nas turmas espanholas eram professores treinados. Dentro de algumas escolas, os professores de turma tinham acesso a colegas com conhecimento especial. Eles também tinham acesso a especialistas semi-externos ou a consultores externos com vários conhecimentos e habilidades especiais.

A NATUREZA E FORMA DE ATIVIDADES PARA DESENVOLVIMENTO DO PESSOAL

Os dados indicaram que todo o pessoal usou uma combinação de várias maneiras de aprofundar seu conhecimento, habilidades e compreensão. Isso foi mais verdadeiro ainda em relação às demandas da classe inclusiva como um todo e em relação a alunos individuais. Apesar de os relatórios não se referirem diretamente a planos para desenvolvimento do pessoal, ficou óbvio que as ações dos professores seguiam uma estrutura planejada, seja em planos de curto prazo ou em processos de longo prazo.

Antes do estudo ETAI, as escolas espanholas inicialmente participaram de um projeto da escola total da Unesco sobre inclusão, chamado "Em direção a uma escola efetiva para todos os alunos". As escolas construíram uma política para a escola total sobre inclusão envolvendo várias sessões de treinamento para o pessoal durante dois anos. O pessoal adquiriu estratégias cooperativas e integrou-as em sua colaboração diária. Os professores de cada duas séries formaram grupos colaborativos. Discussões de natureza pedagógica tiveram prioridade. O tempo que os grupos de professores tiveram juntos foi reorganizado a fim de melhorar a reflexão sobre a prática, debates, partilha, trocas de experiências e resolução de problemas. Isso permitiu que o pessoal se confrontasse com questões que anteriormente haviam sido difíceis de abordar. Notou-se que aumentaram as respostas coletivas a problemas acadêmicos e de apoio para todos os alunos. Além disso, equipes de professores foram responsáveis por selecionar material para estudo individual e, mais tarde, discutiram em reuniões do pessoal. Sentiu-se que uma maior colaboração entre os professores tornou-se a principal fonte de inovações.

A escola da Ponte tinha, durante os 45 anos anteriores, tomado medidas para mudar a cultura escolar em direção a uma política de inclusão da escola como um todo. A medida mais radical foi tomada sete anos atrás. Os dados informaram apenas sobre o autotreinamento do pessoal. Uma das mudanças organizacionais envolveu o abandono pelos professores do modelo "professor de sala" e a formação de equipes de ensino. Isso implicou em que eles compartilhassem responsabilidades por todas as crianças e precisassem abordar seu trabalho de maneira diferente. Eles adquiriram e implementaram dentro de sua própria colaboração maneiras de métodos cooperativos. Os professores formaram "círculos de estudo". Dentro desses círculos, eles refletiram juntos sobre certas áreas em que o pessoal se especializaria de forma individual. No final de cada dia, os professores se reuniam para discutir e refletir sobre a experiência obtida naquele dia.

O treinamento informal também foi aparente com os professores austríacos. A documentação referia-se principalmente à fase de preparação. Um dos professores austríacos realizou um estudo individual um ano antes do início do ano escolar. Ele determinou-se a conhecer as quatro crianças com deficiência auditiva. Para fazer isso, trabalhou um dia por semana durante o ano inteiro antes do início do ano escolar. Um outro fator importante do desenvolvimento de pessoal ocorreu entre os professores que iriam lecionar para a mesma turma. O especialista em deficiência auditiva educou o outro que, por sua vez, ensinou à colega os métodos do plano Jena. Outras ações de natureza preparatória envolveram estudos literários e troca de experiências com professores que já lecionavam salas inclusivas. A formação de equipes também foi um assunto de controvérsia.

As atividades para o desenvolvimento do pessoal em Lundarskóli foram uma mistura de estudo formal e informal durante o período preparatório. Depois disso, meios informais foram aparentes. A primeira equipe de professores que iniciou com a turma não havia tido nenhuma experiência anterior em classes inclusivas. Eles iniciaram por ir conhecer o aluno deficiente físico, visitando-o em sua casa e na pré-escola. Eles foram orientados principalmente pelos pais, pois o aluno precisava de assistência e auxílio constantes em todas as tarefas. Isso envolvia cuidados físicos, alimentação e a aprendizagem da "leitura" de expressões faciais, assim como chegar a conhecer a pessoa. Eles freqüentaram cursos formais sobre a linguagem Bliss e a aprendizagem cooperativa. Diversos especialistas consultaram os professores sobre vários instrumentos e o uso de aparelhos de informática. Os professores obtiveram orientação personalizada no planejamento das aulas e na redação de planos individuais. A própria equipe trabalhou bastante unida no planejamento, na reflexão e na resolução de problemas. Eles se consideraram os professores de todos os alunos. Porém, alguma especialização podia ser notada com relação a certas disciplinas.

A experiência das escolas demonstrou que nenhuma abordagem, modelo ou conteúdo especiais relacionados às ações para o desenvolvimento do pessoal teve preferência em relação a outros. O que se destaca são os planos dirigidos pelo contexto para aprofundar o conhecimento, habilidades e compreensão. Avaliou-se o estudo individual e os estudos acadêmicos na própria escola dos professores em todos os casos como particularmente importantes. Aparentemente, o treinamento de professores foi adaptado às necessidades de cada professor individualmente.

É muito importante e válido observar a ênfase no auto-treinamento, no treinamento colaborativo e na troca de habilidades e conhecimento entre o pessoal das escolas. Outro aspecto notável é o fato de que o acesso à especialização externa foi essencial sendo, com bastante freqüência, moldado pelas necessidades da situação contextual em cada caso. Em todos os exemplos de caso, a educação adicional foi definida como eletiva, e não como compulsória. Parece que os professores foram convidados, e não forçados, a participar das ações para o desenvolvimento do pessoal.

A natureza diferente das ações de treinamento podia ser vista como uma mistura de orientação, treinamento, consultoria, treinamento de pares, negociação e estudo individual.

OS PARTICIPANTES NO DESENVOLVIMENTO DO PESSOAL

Desnecessário dizer que as equipes de professores que lecionavam para os grupos de alunos em questão foram aquelas que participaram das atividades para o desenvolvimento do pessoal. Como mencionado previamente, os próprios professores iniciaram vários tipos de treinamento e ações de estudos. Os agentes que os auxiliaram eram de várias orientações, seja de fora ou de dentro das escolas. Cursos e programas formais foram conduzidos por consultores especialistas em determinada disciplina. Esse foi o caso com o projeto da Unesco e o curso de linguagem Bliss. As consultas vieram de outros especialistas, mais freqüentemente de membros das equipes de apoio das autoridades educacionais. Esses podiam ser psicólogos, consultores educacionais e fonoaudiólogos. Houve exemplos de outros consultores, como terapeutas ocupacionais e fisioterapeutas. Em dois relatórios, o pessoal da pré-escola orientou e aconselhou os professores e, em um caso, uma mãe de um aluno também orientou de forma conjunta os professores em relação aos cuidados de que seu filho precisava. Como essa mãe era uma educadora especial treinada, ela também pressionou por, e apoiou, métodos inovadores em sala de aula.

O CONTEÚDO NO DESENVOLVIMENTO DO PESSOAL

As atividades para o desenvolvimento do pessoal concentraram-se principalmente em três aspectos. Elas foram direcionadas à escola como um todo, aos métodos utilizados em sala de aula ou às necessidades de um aluno individualmente. Isso envolveu vários aspectos da inclusão em si e os meios para criar uma escola ou uma classe inclusiva. Os métodos mencionados relacionavam-se à aprendizagem cooperativa, a estratégias para melhorar a comunicação em sala de aula e a interação social, à formação de equipes de professores, à linguagem Bliss, a planos individuais e ao planejamento de aulas para uma classe inclusiva. Ações informais relacionaram-se a certos métodos de ensino, reflexão sobre experiência, adaptação de métodos de trabalho e outras coisas importantes.

O APOIO FINANCEIRO E A TRANSFERÊNCIA DE CONHECIMENTO

Houve variação no grau de detalhamento dos relatórios quanto a questões referentes a apoio financeiro e ao acesso a programas externos de treinamento de professores. O nível de auto-treinamento ou treinamento por membros do pessoal foi alto em todas as escolas. Houve vários comentários sobre os professores freqüentarem cursos formais ou projetos de longo prazo.

A transferência de conhecimento e habilidades dentro das escolas foi abordada em três dos relatórios. A ação mais notável foi realizada pelo ministro da Educação em Portugal. O grupo de professores iniciando quase três décadas atrás na escola da Ponte deveriam sair de seus empregos em breve. Para garantir que suas habilidades não seriam perdidas, o ministro decidiu pagar salários para um novo grupo de professores, assim como para o grupo anterior, durante cinco anos.

As escolas espanholas receberam apoio de longo prazo das autoridades educacionais para participar do projeto da Unesco. As autoridades gradualmente retiraram o apoio financeiro, até que ele se igualou ao apoio que as escolas em geral recebiam. As escolas ficaram satisfeitas com esse processo. Porém, elas acharam necessário relatar formalmente a experiência obtida por si mesmas, assim como por outras escolas, mas faltaram recursos para isso. Outro problema que as escolas enfrentaram foi a considerável troca de pessoal de um ano para outro. Isso gerou alguns obstáculos ao processo desenvolvimentista.

Em Lundarskóli, as mudanças de professores tinham acontecido ao longo do ano. A política que a escola praticou foi garantir que apenas um dos dois professores fosse novo para a turma. A documentação de fundos extras não foi encontrada, além do pagamento a dois professores islandeses no verão anterior ao início do ano escolar, enquanto estabeleciam as habilidades necessárias para iniciar a classe inclusiva. Apesar disso, os dados forneceram informações sobre uma maior força de trabalho no ensino, ou seja, ensino em equipe em todas as turmas nesse estudo e duas séries de grupos de professores na escola da Ponte. Não ficou claro se o fato de o pessoal ter acesso suficiente a consultores e especialistas quando necessário foi parte do bem-formado sistema de apoio ou uma medida especial. O projeto da Unesco foi apoiado pelas autoridades educacionais. Não houve evidências em nenhum dos relatórios de que os professores obtiveram financiamento extra para cobrir uma rica colaboração, círculos de estudo ou autotreinamento.

RESUMO E SUGESTÕES

- Um resultado importante do projeto foi a indicação de que parece perfeitamente possível para os professores de classes comuns lecionarem para classes inclusivas. Porém, eles precisam de apoio para adquirir conhecimento e habilidades suficientes por meio de treinamento interno na escola e de instituições de aconselhamento e especialistas. Além disso, os professores de classe tinham, em todos os casos, um parceiro compartilhando a responsabilidade em todos os aspectos.
- A mistura de insumos para o desenvolvimento do pessoal interno e externo pareceu ter resultados satisfatórios. A natureza diferente do treinamento poderia ser vista como uma mistura de orientação, treinamento, consultoria, treinamento de pares, negociação e estudo individual.
- É válido notar quanto do desenvolvimento dos professores e do pessoal dependeu de ações de autotreinamento do pessoal como um todo ou em grupos de professores. Por meio do autotreinamento, os professores compartilham seu conhecimento e habilidades especiais com seus colegas. O treinamento interno na escola precisa ser caracterizado pela experiência, reflexão, compartilhamento e resolução de problemas diários. Isso reflete os interesses dos professores e as necessidades dos alunos. Os professores trabalham juntos em pares, grupos ou como um pessoal integral. Através do treinamento interno na escola o pessoal mantém a responsabilidade pelo processo.
- O acesso à especialização externa é essencial. A consulta desses especialistas precisa ser acionada pelo contexto e estar disponível quando surgir a necessidade. Esclarecimentos sobre condições, processos e planos estruturais precisam estar disponíveis e ser parte da estrutura da escola.
- A transição do conhecimento, as habilidades e a compreensão precisam ser levados em consideração, sendo sempre proativos. Isso relacionaria-se a novos professores e à disseminação fora das escolas.

10
Algumas implicações do estudo

Os capítulos precedentes resumem as principais condições dos estudos de casos nos quatro países: Áustria, Islândia, Portugal e Espanha. Este capítulo aponta algumas implicações que podem ser inferidas considerando-se as conclusões. É válido salientar no início que o propósito do projeto ETAI foi descrever e compreender a educação inclusiva praticada a fim de disponibilizar essa compreensão a outros que trabalham em direção a objetivos semelhantes. Portanto, ele não foi um levantamento das principais práticas na área. Nem foi um projeto de avaliação, no sentido de que ele não avaliou o certo e o errado do trabalho nas escolas envolvidas.

A primeira coisa a dizer quanto às implicações é que todas as escolas envolvidas no estudo estavam começando a promover a educação inclusiva. Dessa forma, não se pode alegar que um modelo de escola inclusiva em estado final, acabado esteja representado entre aqueles que participaram deste estudo. Por exemplo, a maioria dos professores nas escolas não tinha acesso a ou não tinha participado de um treinamento formal nessa área. Ao contrário, eles se esforçaram sozinhos para adquirir o conhecimento e as habilidades de que necessitavam para lidar com a situação que enfrentavam. Isso é importante, pois significa que, onde quer que estejamos tentando implementar políticas inclusivas, outras pessoas estão lutando para resolver situações semelhantes. Apesar de termos de ser cautelosos com a transferência de idéias sem distinções de contexto de um país para outro, outras pessoas que podem ter metas semelhantes em mente poderiam, apesar disso, ajudar-nos a perceber a factibilidade de nossas próprias idéias.

A segunda coisa a comentar é a diversidade tão significativa em como a educação inclusiva é construída nas escolas e em áreas locais que participam deste estudo. Assim, a inclusão é evidentemente várias coisas diferentes para diferentes pessoas. Ela pode referir-se ao que acontece em uma sala de aula, em uma escola ou em toda uma área educacional. Sua definição pode depender da ideologia, das práticas em sala de aula, da acessibilidade às instalações ou da aceitação de indivíduos dentro do grupo de alunos. Portanto, não podemos declarar manifestamente que, se certas condições forem satisfeitas, haverá inclusão. Também não devemos presumir que a diferença de perspectivas esteja necessariamente vinculada à localização das escolas ou às características dos países. A versão de inclusão representada em cada país surgiu através de múltiplas influências, reflexões e reinterpretações de idéias e experiências em cada localidade. A implicação importante é que, teoricamente, ela pode acontecer em qualquer lugar. A educação inclusiva é uma noção complexa, que as pessoas estão empenhando-se para construir colaborativamente. Porém, apesar de suas visões diferentes, a maioria do pessoal das escolas em questão tendeu a ver a inclusão como um processo, e não como um estado final ideal. Dessa forma, a inclusão é algo que estamos constantemente trabalhando para alcançar e para manter.

Os temas que surgiram a partir dos dados e que formam os capítulos anteriores significam o que foi considerado de maior importância para a concretização de um trabalho escolar inclusivo bem-sucedido. Todos os elementos foram vistos como vitais: uma preparação cuidadosa antes de ingressar na escola, o planejamento do currículo, o trabalho cooperativo nas salas de aula e o relacionamento social de uma maneira informal, a avaliação do trabalho, a colaboração com outros profissionais e com os pais, o saber como fazer uso de especialistas e como desenvolver nossa própria especialização profissional e, finalmente, a capacitação de lideranças. Como era de se esperar a apreciação por diferentes escolas evidenciou vários graus de ênfase sobre diferentes aspectos do trabalho. Dessa forma, a escola austríaca salientou o currículo e o trabalho na sala de aula, a escola islandesa trabalhou muito na área de preparação para a educação escolar e no papel dos pais; a escola portuguesa tinha grande experiência em criar uma ideologia escolar e em organizar a cooperação dos alunos e a colaboração do pessoal; e as escolas espanholas tornaram-se especialistas na avaliação e no *networking* de serviços. Porém, elas pareceram concordar que todos os outros elementos também eram vitais.

Os relatórios dos diferentes países também pareceram concordar que a base de uma implementação bem-sucedida desses processos eram crenças firmes nos direitos humanos básicos de educação para todos, independência e igualdade. Inerentes a essas ideologias estavam valores morais como o respeito e a aceitação de indivíduos. Dessa forma, as práticas relatadas – por exemplo, o cuidado integral da criança por meio da colaboração e da coordenação – não foram meros termos técnicos, mas basearam-se e estavam em harmonia com alguns valores fundamentais das pessoas envolvidas. Portanto, os estudos revelaram uma abordagem das necessidades de todas as crianças, em vez de altas conquistas acadêmicas para uns poucos, da colaboração, em vez da competição entre os professores, e das escolas que funcionavam como comunidades, em vez de como organizações de serviço eficiente para os pais como clientes. Esses surgiram como elementos vitais de um processo de educação inclusiva. Por outro lado, o que não foi considerado crucial em relação a isso foram os fatores como a qualidade da moradia inicial, a natureza da admissão de alunos, a classe social dos pais, a escolha parental das escolas, o treinamento inicial do pessoal ou a nacionalidade das escolas.

Deve-se destacar aqui que algumas questões, que muitas pessoas considerariam vitais à educação inclusiva, não foram abordadas no projeto, ou o foram apenas até certo ponto. Isso inclui o financiamento, o papel dos políticos e administradores, o papel de liderança dos gestores educacionais, o uso dos materiais educacionais no ensino e o efeito de políticas recentes para melhorar os padrões acadêmicos nas escolas. Em outros estudos, essas áreas vêm demonstrando ter importância. Além disso, é visível que estão faltando as vozes dos próprios alunos. A ausência dessas questões e vozes do estudo pode ser explicada pela maneira como os locais, os participantes e os dados para análise foram exemplificados. Em outras palavras, a localização dos limites dos casos selecionados e a abordagem nos processos dentro das escolas excluíram alguns desses dados. Portanto, isso não diz nada sobre sua relativa importância nas escolas em questão.

Finalmente, uma implicação importante do estudo refere-se aos rótulos de necessidades educacionais especiais, de deficiência física e de incapacidades. Esses rótulos aparecem com vários graus de proeminência nos estudos de casos, porém, todas as escolas evitaram seu uso quando possível, dando preferência a uma ênfase nas necessidades individuais de todos os alunos. O exemplo de Portugal, em particular, demonstra que, onde uma política de inclusão total é implementada, esses rótulos tornam-se supérfluos. E, ainda assim, a escola da Vila da Ponte não obteve recursos maiores do que outras escolas no estudo – na verdade, não obteve mais do que outras escolas nos países participantes. Isso deve ter implicações fundamentais e de amplo alcance para todas as escolas que podem estar contemplando a educação inclusiva.

TERCEIRA PARTE

GUIA PARA O APRIMORAMENTO DA EQUIPE ESCOLAR

Esta parte é uma resposta ao propósito inicial do projeto ETAI, ou seja, "encorajar as habilidades dos professores na inclusão em escolas comuns". Nove temas surgiram a partir do estudo, cujos resultados são apresentados na segunda parte. Esta parte aborda cada um desses temas no mesmo número de capítulos, compartilhando os mesmos títulos:

11. Preparação para a educação escolar
12. Planejamento curricular
13. Prática em sala de aula
14. Colaboração e coordenação
15. Interação social dos alunos
16. Colaboração lar-escola
17. Avaliação e reflexão
18. Serviços de apoio
19. Desenvolvimento de pessoal

Os capítulos seguem a mesma estrutura. Cada capítulo inicia apresentando os objetivos, seguido do resumo de resultados do estudo. Seguindo o mesmo caminho, o leitor encontra uma seção abordando como o tema em questão pode ser implementado no trabalho escolar. Essas sugestões dão conta dos resultados, mas também vão além deles. Finalmente, cada capítulo termina com uma lista curta de leituras recomendadas relacionadas ao conteúdo.

O guia pode ser usado como uma abordagem integral do pessoal ou usado por grupos de pessoal, de pais e de especialistas. Os professores também podem, individualmente, fazer uso do guia. No entanto, sugere-se que os professores busquem maneiras de formar um relacionamento funcional com os colegas quando trabalharem com o guia.

A equipe escolar, os pais e os especialistas, assim como os alunos do treinamento de professores podem usar este guia como ele se apresenta. Podem optar por trabalhar com todos os temas, ou escolher um ou dois capítulos com os quais trabalhar. Aconselha-se que capítulos idênticos da segunda parte sejam estudados simultaneamente.

As atividades apresentadas em cada capítulo têm a finalidade de encorajar os grupos a refletirem sobre a prática, a analisar situações, a resolver problemas, a tomar decisões, a planejar políticas e ações e, finalmente, a avaliar a situação atual. A maioria das atividades conduz a um resultado em forma de decisão, política ou plano de ação.

Recomenda-se que consultores, internos e externos à escola, orientem o desenvolvimento de equipe a fim de apoiar as atividades para o desenvolvimento do pessoal.

11

Preparação para a educação escolar

OBJETIVOS DO CAPÍTULO

Após a leitura deste capítulo e do trabalho com as atividades, o leitor terá tratado dos vários aspectos da preparação para a educação escolar e ficará familiarizado com os seguintes aspectos:
- a importância da colaboração regular entre os pais, o pessoal da escola e os especialistas na etapa preparatória;
- o valor de se iniciar o processo de preparação com um ano de antecedência;
- o significado da participação ativa dos pais na preparação;
- o quão importante é para os professores assumir responsabilidade e mostrar iniciativa na preparação;
- que a coordenação ativa de todas as partes colaboradoras, dentro e fora da escola, deve ser garantida em relação à preparação, e que uma pessoa deve receber a tarefa de supervisionar e coordenar o processo.

RESULTADOS DO ESTUDO

O termo "preparação para a educação escolar" é usado para o processo de trabalho que acontece antes de uma criança com necessidades especiais começar sua educação escolar. O processo de preparação começa quando os membros do pessoal de uma escola, das instituições que trataram da criança no passado e os pais se reúnem. A seguir, estão os principais resultados do estudo ETAI em relação ao processo de preparação:
- Recomenda-se que os membros do serviço de apoio criem uma força-tarefa para a preparação para a educação escolar das crianças com

necessidades especiais. Uma preparação sistemática geralmente tem de iniciar um ano antes de começar a educação escolar.
- Quando for tomada uma decisão sobre qual escola a criança deverá freqüentar, a escola, juntamente com o serviço de apoio, precisa planejar a colaboração. É importante definir com quem deve ficar a iniciativa e a responsabilidade.
- A política da escola deve insistir na importância da participação dos pais. Os pais devem ser considerados membros integrantes dos processos de construção de políticas e de tomada de decisões.
- Os pais precisam ter acesso a algum tipo de apoio para ajudá-los a lidar com essa grande mudança.
- A preparação profissional dos professores precisa incluir dar-lhes o conhecimento necessário sobre as necessidades especiais dos alunos antes da educação escolar começar. Também deveria incluir a melhoria na habilidade dos professores de aplicar métodos de ensino que encorajem a inclusão dentro dos cenários educacional e social.
- As autoridades educacionais locais e as escolas precisam tomar a iniciativa em tal projeto vasto como pode ser o da preparação para a educação escolar de uma criança com necessidades especiais. É sua a responsabilidade por fornecer a assistência necessária, assim como coordenar e desenvolver o modo de colaboração.

IMPLEMENTAÇÃO

Começar na escola é um momento importante na vida de toda a criança e, dessa forma, a escola deve estar bem-preparada. Certas tradições, que são adequadas à maioria das crianças, foram estabelecidas em relação ao início da educação escolar. Quando uma criança apresenta necessidades especiais diversificadas, questões adicionais devem ser consideradas. As necessidades dessas crianças podem ser complicadas e, portanto, é necessário reunir várias partes, de modo que o processo de preparação possa ser bem-sucedido.

O capítulo trata dos métodos que parecem melhorar uma preparação bem-sucedida para a educação escolar. Os seguintes aspectos serão discutidos:
- tempo de matrícula e de preparação;
- preparação dos professores e da escola;
- preparação da criança;
- preparação dos pais;
- preparação de outras crianças na turma e de seus pais;
- instalações;
- colaboração e coordenação.

Tempo de matrícula e de preparação

Poucas escolas estão bem preparadas para receber todos os alunos e, portanto, é necessária uma preparação especial quando se espera que haja crianças com necessidades especiais. É vital preparar os pais, as crianças e o pessoal da escola e inspecionar as instalações da escola. Quanto mais graves forem as necessidades especiais, mais cedo será necessário começar o período preparatório. A regra básica deveria ser que uma preparação sistemática deveria ter início um ano antes de a criança começar na escola. Em alguns casos, a preparação deveria idealmente começar ainda mais cedo, até dois anos antes.

O pessoal do serviço de apoio parece ser o primeiro a informar à escola sobre a chegada de uma criança com necessidades especiais. A participação do pessoal do serviço de apoio no processo de preparação provavelmente será extensivo. O pessoal pode precisar auxiliar na criação de uma linha de comunicação entre os pais e a escola e ajudar na preparação do trabalho escolar.

Para a participação ser sistemática, uma força-tarefa precisa ser formada, incluindo membros do pessoal da escola, dos pais e de representantes de instituições familiarizadas com a situação da criança. As informações necessárias serão trocadas durante essas reuniões de grupo. Quando apropriado, a tecnologia da informação, como *e-mails*, também poderia ser considerada útil para a colaboração, a troca de informações e a coordenação. Nessa etapa, também é importante consultar todos que trabalharam com ou treinaram a criança no passado.

Entre as responsabilidades do serviço de apoio estão:
– formar uma força-tarefa para lidar com a preparação;
– auxiliar os pais a escolher uma escola;
– notificar a escola sobre a chegada de uma criança com necessidades especiais;
– fornecer à escola informações sobre a criança e suas necessidades com relação às instalações, que conhecimento novo precisa ser obtido, etc.;
– estabelecer uma linha de comunicação entre os pais e a escola por um lado, e entre a pré-escola e a escola obrigatória por outro lado.

Preparação dos professores e da escola

Após se ter obtido informações sobre a criança, é hora de fazer planos em relação ao estudo, ao ensino e a questões sociais. O propósito de tais planos é tornar mais fácil para a criança ajustar-se à escola, ao mesmo tempo que a escola é ajustada às necessidades da criança.

A formação de equipes de professores em torno da preparação provou ser bem-sucedida. Idealmente, eles deveriam iniciar criando e implementando uma política relacionada à inclusão, assim como considerar e avaliar se tal política tem efeito sobre o trabalho da turma. Esse tipo de criação de políticas referente à inclusão ativa de alunos está sempre mudando e tem uma relação interativa constante com as necessidades dos alunos. A experiência revelou que, no início, a preparação dos professores tem por objetivo aumentar seu conhecimento sobre as necessidades, tanto sociais como acadêmicas, dos alunos em questão. Em tempo, os professores dão-se conta de que a procura por conhecimento adicional precisa beneficiar a turma toda. O trabalho do professor objetiva a organização e a garantia da aceitação dos alunos e de direitos iguais na educação.

É necessário que o processo de preparação considere as relações sociais entre os alunos. O fato de que relacionamentos com freqüência não se desenvolvem por sua própria iniciativa deve ser levado em conta ao se organizar o trabalho escolar. Isso pode ser feito, por exemplo, escolhendo-se métodos de ensino que encorajem a interação social e dêem aos alunos uma oportunidade de chegarem a se conhecer e ligarem-se uns aos outros. A aprendizagem cooperativa provou ser adequada a esse fim. Além disso, é possível organizar jogos na sala de aula e durante o intervalo, assim como iniciar discussões sobre o valor da boa comunicação e o bem-estar emocional entre os alunos e os pais.

A responsabilidade da escola requer que seu pessoal, em colaboração com os pais e o serviço de apoio, iniciem o processo de preparação ao elaborar um plano de implementação:

- *Questões do pessoal.* Uma equipe de instrução de dois professores ou alguma outra forma de apoio ao ensino deveriam ser considerados. Os professores precisam ter bastante tempo para se preparar antes que a escola comece. Devem ser feitos preparativos para o apoio e a consulta a professores, tanto de dentro como de fora da escola.
- *Desenvolvimento do pessoal e novas técnicas.* Freqüentemente é necessário dar ao pessoal da escola informações sobre vários métodos de trabalho e novas abordagens de ensino.
- *Auxílios.* A escola precisa fazer as mudanças necessárias em suas instalações, fornecer novos equipamentos e materiais de ensino, fazer alterações estruturais nos lavatórios, instalar um elevador, etc.
- *Plano de colaboração.* A colaboração de pessoas dentro da escola, assim como a participação dos pais na construção de políticas e na tomada de decisões, devem ser organizadas.
- *Currículos individuais.* Além de um currículo de sala de aula, é necessário definir os cursos de ação necessários que permitam que um aluno com necessidades especiais participe de todo o trabalho normal dentro da turma e da escola, inclusive esportes, trabalhos culturais e sociais. Além disso, a escola precisa considerar como trabalhar em relações de pares, definir os serviços necessários para a criança, como supervisão

durante o intervalo, programas pós-escola, assistência na mobilidade e fisioterapia.
- *Plano de ensino.* É necessário escolher os métodos de trabalho que apóiam e melhoram a comunicação entre os alunos, tornando a comunicação um assunto de planejamento, assim como um objetivo educacional.

Preparação da criança

A importância de uma cuidadosa preparação para a educação escolar é óbvia. A preparação pode ter considerável influência na atitude da criança em relação à escola e à educação. A preparação necessária à educação escolar de uma criança com necessidades especiais depende das circunstâncias de cada caso. O que vem a seguir é recomendado para se estabelecer um bom relacionamento e uma boa colaboração, dos quais todas as crianças na turma podem beneficiar-se:
- Dar às crianças na pré-escola uma educação e introdução adequadas na escola de ensino fundamental que elas freqüentarão. As crianças que não freqüentam pré-escolas precisam ter a mesma oportunidade.
- Convidar professores da escola de ensino fundamental a visitar pré-escolas e conhecer as crianças que eles ensinarão.
- Convidar alunos prospectivos e seus pais a visitar a escola obrigatória e, dessa forma, conhecer seus colegas de turma antes do início da escola.
- Fazer com que os professores visitem as famílias, especialmente quando a criança em questão tem necessidades especiais.

Preparação dos pais

Iniciar na escola obrigatória é um momento importante e empolgante na vida de qualquer criança, assim como na de suas famílias e, geralmente, é algo pelo que as crianças esperam ansiosamente. Para os pais de crianças com necessidades especiais, com bastante freqüência, a ansiedade sobrepuja todos os outros sentimentos. Eles vêem um período de incerteza pela frente e têm muitas perguntas que podem ser difíceis de responder. Portanto, os pais precisam receber o apoio necessário, as informações sobre o processo de preparação, as informações sobre seus direitos e obrigações, e devem se tornar membros integrantes e ativos do grupo colaborativo que toma decisões sobre a educação escolar de seu filho. Às vezes, o aconselhamento e as informações podem gerar confusões por causa de vários pontos de vista profissionais e, dessa forma, pode ser difícil para os pais formarem suas próprias opiniões e tomarem decisões. Portanto, é bom para eles receber conselhos de alguém de fora do sistema e consultar outros pais com mais experiência, ou ler sobre as experiências de outros pais e outros profissionais.

O processo de preparação pode tomar muito tempo dos pais. Eles precisam fornecer uma grande quantidade de informações e declarar seus desejos em relação à educação escolar de seu filho. Pode ser-lhes muito difícil participar de reuniões com vários especialistas discutindo sobre seu filho. O apoio de uma parte externa pode representar uma ajuda imensa aos pais. Essa parte apoiadora precisa trabalhar *com* os pais e agir de acordo com os desejos dos *mesmos*. Idealmente, os pais deveriam contratar os serviços de alguém que possa:

- ouvir os pais e ajudá-los a analisar a situação;
- acompanhá-los a reuniões;
- ajudá-los a se preparar para reuniões e avaliar seus resultados;
- fornecer informações;
- auxiliá-los a escrever cartas e se comunicar com várias instituições.

Preparação de outros alunos na turma e de seus pais

Uma reunião introdutória inicial com todos os alunos e seus pais pode ser uma boa idéia. Tal apresentação pode beneficiar todos os alunos, ajudá-los a conhecer uns aos outros logo, evitar preconceitos que podem ser resultantes de falta de informações e tornar mais leve a atmosfera. É uma boa idéia apresentar todas as crianças na turma durante os primeiros dias na escola. Em uma reunião de pais, recomenda-se que todos os pais falem aos outros brevemente sobre seus filhos, dando assim aos pais das crianças com necessidades especiais uma oportunidade de explicar as necessidades de seus filhos. Essas apresentações precisam ser planejadas com o professor da turma. Uma apresentação desse tipo é particularmente importante quando a deficiência não é visível e/ou causa grandes problemas comportamentais.

Instalações

Para as escolas poderem receber todos os alunos de seu bairro, é essencial que elas planejem satisfazer as necessidades especiais dos alunos e fornecer os auxílios necessários para um. Pode ser preciso fazer algumas mudanças nas instalações da escola para adaptá-las às necessidades de um determinado aluno e fornecer novos auxílios de ensino, assim como material de estudo e equipamentos especializados para o próprio aluno.

Presumivelmente, todas as instalações destinadas a alunos com necessidades especiais podem ser usadas por outros alunos e professores e, assim, melhorar as condições de trabalho de todos. O projeto e a estruturação dos prédios da escola deveriam ser realizados tendo em mente as possíveis necessidades de todos os alunos, tanto deficientes como não-deficientes. As autoridades escolares devem assumir a responsabilidade financeira de atender às várias necessidades das crianças que iniciam na escola.

Colaboração e coordenação

Geralmente, um grupo de especialistas, juntamente com os pais das crianças e o pessoal da escola, trabalham na preparação da educação escolar das crianças com necessidades especiais. A colaboração de tantas pessoas exige alguma coordenação. O trabalho em grupo requer que o papel de cada pessoa na colaboração seja claro, e é necessário definir onde se encontra a iniciativa e a responsabilidade por aspectos específicos. Para os grupos chegarem a alguma decisão sobre objetivos para o aluno, o trabalho em grupo precisa basear-se em uma compreensão em comum de valores e atitudes em relação à educação e no direito dos pais de participar do processo de tomada de decisões.

A gestão escolar precisa tomar a iniciativa quando um aluno com necessidades especiais é matriculado, fornecendo a assistência necessária, respondendo aos desejos dos pais, formando um grupo de especialistas para aconselhamento, coordenando e definindo as responsabilidades de todas as partes e desenvolvendo os métodos de trabalho da colaboração. É importante dar a uma pessoa dentro do grupo a tarefa de supervisionar as várias atividades e garantir que as decisões tomadas sejam cumpridas.

Uma preparação bem-sucedida para a educação escolar, que inclui melhorias no treinamento de professores, no apoio e no aconselhamento, deveria aumentar as possibilidades da escola de receber todos os alunos. Com a preparação correta, as escolas integradoras podem realmente receber quase todos os alunos. Às vezes, é necessário uma mudança de atitude dentro da escola, assim como promover um maior conhecimento. Além disso, o apoio financeiro deve ser sempre suficiente.

ATIVIDADES

As atividades a seguir destinam-se ao pessoal da escola, aos pais e aos especialistas em serviços de apoio, mas também a Professores Alunos e outros vinculados à preparação para a educação escolar. Algumas das atividades requerem a participação direta dos pais, pois considera-se muito importante que estes participem da construção de políticas e do processo de tomada de decisões. As atividades lidam com valores e atitudes, com a implementação e com a resolução de problemas. Elas incluem também listas de verificação que devem tornar mais fácil para o pessoal da escola e para seus colaboradores dar-se conta de até onde o processo de preparação chegou.

Oportunidades iguais

Essa atividade dá aos participantes uma oportunidade para discutir valores e atitudes em relação aos direitos e as oportunidades educacionais das crianças. A atividade é particularmente útil quando é necessário coordenar atitudes dentro de uma escola e entre o pessoal da escola, os serviços de apoio, os pais e outros que lidam com a preparação para a educação escolar. (60 minutos)

Definição das necessidades dos alunos

Essa atividade consiste em duas seções curtas. Durante a primeira seção, o pessoal discute o que sabe sobre o aluno prospectivo e que informações adicionais são necessárias. Então eles fazem um plano de implementação descrevendo os meios pelos quais podem obter as informações necessárias. A segunda parte da atividade é concluída quando todas as informações tiverem sido reunidas. Obviamente, a participação dos pais é necessária. (60 minutos)

Reuniões colaborativas sobre a preparação para a educação escolar

Essa atividade fornece uma visão geral das pessoas que trabalham juntas na preparação para a educação escolar de um aluno específico: os indivíduos e os grupos que participam de uma determinada reunião, os assuntos a serem discutidos na reunião e a identificação de pessoas-chave para cada assunto específico. (30 minutos)

Plano de implementação

Essa atividade inclui uma planilha para um plano de implementação. É fácil de usar e deve ser usada ao organizar-se qualquer tipo de implementação. A planilha lembra às pessoas de que é necessário definir objetivos e métodos, determinar uma programação e decidir em que ponto o trabalho deve ser avaliado. As planilhas nas atividades *Oportunidades legais* e *Reuniões colaborativas sobre a preparação para a educação escolar* podem ser muito úteis. (60 minutos)

Avaliação da implementação

Para garantir a competência das implementações, é necessário avaliar regularmente a implementação de várias tarefas. Quanto mais freqüentes forem as avaliações, melhores serão os resultados do projeto. Essa atividade inclui tal avaliação. As conclusões da avaliação podem ser usadas como material para um novo plano de implementação. (60 minutos)

Auto-avaliação

Nessa atividade, os membros do pessoal da escola avaliam seus próprios procedimentos e, subseqüentemente, dão sugestões sobre o que precisa ser feito no futuro e que reformas, se for o caso, são necessárias. (60 minutos)

Oportunidades iguais   60 minutos
Primeiro passo

> Trabalhar juntos em pares. Essa atividade envolve 20 declarações, escritas em 20 cartões. Dividi-los igualmente entre vocês. Simultaneamente, colocar um cartão de declaração sobre a mesa a sua frente. Discutir qual se identifica mais com as idéias de direitos iguais dos alunos na escola. Guardar o cartão que você escolher, mas colocar o outro de lado. Apenas uma vez durante a atividade você poderá escolher colocar ambos os cartões de lado ou guardar os dois. Termine a pilha de cartões dessa maneira. Quando a pilha tiver sido terminada, você deverá ter ficado com 9 ou 11 cartões.

Segundo passo

> Dois pares trabalham juntos. Cada par traz para o jogo as cartas que eles escolhem como inclusão ativa de apoio. Os jogadores jogam como anteriormente. No final da rodada devem sobrar 9 ou 11 cartões.

Terceiro passo

> A. O grupo agora escolhe duas declarações que melhor se encaixam com as idéias de direitos e oportunidades iguais na escola.
> B. O grupo reúne uma descrição de como a escola pode implementar essa política, de modo a ser ativa dentro do trabalho escolar. Usar a planilha para um plano de implementação da Atividade *Plano de implementação* se você achar que isso pode tornar seu trabalho mais fácil. Os pares trabalham separadamente, se desejarem.

Oportunidades iguais – cartões

1 Todas as crianças têm o direito a freqüentar a escola em seu bairro.	2 Uma criança com necessidades especiais extensivas não deve estar numa sala de aula geral.	3 Os pais deveriam poder decidir se seu filho irá freqüentar uma escola integradora ou uma escola especial.	4 Uma escola pode recusar matricular uma criança.
5 Um professor deve ser capaz de decidir que alunos ele quer em sua turma.	6 O professor tem o direito de receber algum apoio a fim de ser capaz de atender às necessidades dos alunos da melhor forma possível.	7 Os pais devem participar integralmente da preparação para a educação escolar de seus filhos.	8 Para atender às diferentes necessidades dentro das turmas, é melhor dividir os alunos de acordo com o gênero.
9 As crianças que têm dificuldades para estudar devem receber apoio extra.	10 A escola deve oferecer oportunidades educacionais ambiciosas para todos os alunos.	11 A igualdade envolve uma educação adequada e ensino e disciplinas escolhidas individualmente.	12 A igualdade não significa necessariamente o mesmo para todos, mas oportunidades igualmente válidas para todos.
13 Oportunidades iguais significam que todos os alunos atingem a maioria dos objetivos estabelecidos pelo currículo.	14 Oportunidades iguais implicam alguns alunos obterem mais tempo do que outros e um ajuste educacional.	15 As escolas devem oferecer oportunidades educacionais iguais que melhorem as personalidades dos alunos e seus níveis de maturidade.	16 A presença de uma criança com necessidades especiais em uma classe integradora freqüentemente resulta em melhores hábitos de ensino.
17 Quando o estudo precisa ser adaptado para se encaixar às necessidades de um aluno, outros alunos também beneficiam-se.	18 A experiência tem mostrado que todas as escolas podem criar condições de receber quase qualquer aluno.	19 Os métodos de ensino deveriam ser projetados de acordo com as necessidades dos alunos, e não de forma contrária.	20 O pessoal da escola deve atender a várias necessidades aplicando novos métodos de trabalho.

Definição das necessidades dos alunos **60 minutos**

Primeiro passo

Conversar juntos em um grupo. Ter um aluno em mente. Listar o que você sabe sobre o aluno na lista A e o que você precisa saber sobre o aluno na lista B.	
A. O que nós realmente sabemos:	B. O que nós precisamos saber:
•	•
•	•
•	•
•	•
•	•
•	•

Segundo passo

Criar um plano de implementação sobre como você pretende reunir informações adicionais sobre o aluno (ver a planilha na próxima atividade). Pode ser necessário fazer mais de um plano, se várias pessoas devem ser contatadas ou se os participantes dividirem as tarefas entre si.

Antes de começar a trabalhar em conformidade com o plano de implementação, anote uma data para o terceiro passo no espaço correspondente. Realize a reunião dentro de três semanas.

Terceiro passo

Agora o grupo se reúne e trabalha junto para definir se a coleta de informações sobre as necessidades do aluno foi bem-sucedida ou não.

Data da reunião: _____

Reunião da força-tarefa em preparação para a educação escolar
30 minutos

O propósito dessa atividade é informar a todos aqueles que participam da reunião quem é cada participante, o que cada participante deveria fazer antes da reunião e quais serão os principais tópicos de discussão.

Reunião colaborativa sobre: (nome do aluno) _____

Local da reunião: _____ Data: _____

Coloque um **x** ao lado daqueles que devem participar da reunião. Coloque um * ao lado daqueles que devem entregar um relatório após a reunião. Coloque um + ao lado de um tópico a ser discutido.

Título do trabalho _____

Nome _____ **x** * + _____

Local de trabalho/tel./*e-mail*: _____ Tópico _____

Assistente:			Instalações	
Professor de classe:			Interação social	
Professor de classe:			Tema de casa	
Pais:			Métodos de ensino	
Psicólogo:			Avaliação	
Professor de alunos com necessidades especiais:			Resultados acadêmicos	
Fisioterapeuta:			Currículo	
Diretor:			Exames	
Funcionários das autoridades regionais:			Aconselhamento	
Agente de apoio:				Colaboração
Fonoaudiólogo:				Apoio
Outros:				Treinamento do pessoal

Local da próxima reunião: _____ Data: _____

Reunião da força-tarefa na preparação para a educação escolar

Reunião/tópico colaborativo: _____ Local da reunião: ____ Data: _____

Coloque um * ao lado daqueles que deveriam entregar um relatório antes da reunião.

Nome/Título do trabalho	*	Tópico de cada participante

Local da próxima reunião: _____ Data: _____

Plano de implementação   60 minutos

Escola: _____

Membros do pessoal: _____

Pais: _____

Aluno: _____

Descrição dos objetivos:	
Listar os passos necessários:	
Divisão de tarefas: Responsabilidade e papel	
Período de tempo:	
Auxílios: Listar materiais, instalações necessárias ou ajuda externa.	
Avaliação do progresso: Quando? Como? Por quem?	
Avaliação de resultados finais? Critérios e métodos de avaliação	

Avaliação da implementação   60 minutos

Coloque um X junto ao número de pontos que você gostaria de dar à *situação atual* e um 0 na coluna onde você *gostaria que a situação estivesse*. 1 significa o *menor* ou *não freqüente,* 4 o *melhor* ou *freqüente.* O(s) espaço(s) entre o X e o 0 indicam se é necessário reagir, de acordo com aqueles que realizam a avaliação. Seguindo essa avaliação, pode-se sugerir trabalhar especialmente com os assuntos mais urgentes. Um plano de implementação precisa ser criado para cada aspecto.

Tópico	Pontos				Quem realizou o trabalho/nomes?	Concluído	Se o trabalho não estiver concluído. Discutir por que não foi possível atingir os objetivos estabelecidos e como continuar. Anotar os próximos passos.	Final, data estimada:
	1	2	3	4				
1.								
2.								
3.								
4.								
5.								
6.								

Auto-avaliação   60 minutos

Coloque um X junto aos pontos que o próprio professor dá à situação atual, mas um 0 na coluna em que ele teria gostado de vê-lo. O espaço entre o X e o 0 é uma indicação se as ações e mudanças de atitude são necessárias ou não. 1 significa *pouco* ou *não freqüente*, 5 significa *muito* ou *freqüente*.

Primeiro passo

Lista para a avaliação do *status* e das atitudes em preparação para a educação escolar	Escreva 0 e X				
	1	2	3	4	5
O processo de preparação foi organizado em colaboração com os membros do pessoal de um serviço de apoio.					
As autoridades educacionais demonstraram iniciativa na preparação para a educação escolar de crianças com necessidades especiais.					
Recebi a oferta de treinamento adicional devido à chegada de um aluno com necessidades especiais na escola.					
O processo preparatório começou um ano antes de a criança começar na escola.					
Aplico métodos de ensino que melhoram a inclusão ativa dos alunos, tanto acadêmica como socialmente.					
A política da escola enfatiza que os professores devem colaborar com os pais.					
Os pais foram participantes plenos e ativos durante o processo de trabalho.					
Durante o período de preparação ficou claro quem era responsável pelo projeto e quem deveria ser responsável pela coordenação.					
Conheci meu aluno antes do início da escola.					
Recebi todas as informações necessárias sobre a criança e suas necessidades.					

Segundo passo

Após a auto-avaliação, escolha três aspectos que deveriam ser mais desenvolvidos. Preencha um plano de implementação para cada aspecto. Veja a planilha na atividade *Plano de implementação*

LEITURA RECOMENDADA

Giangreco, M., C. J. Cloninger and V. S. Iverson. 1998. *Choosing Outcomes and Accommodations for Children (COACH). A Guide to Educational Planning for Students with Disabilities* (2.ed.) Baltimore, Paul H. Brookes.

O'Brien, J. and M. Forest. 1989. *Action for inclusion: how to improve schools by welcoming children with special needs into regular classrooms*. Toronto, Inclusion Press.

12

Planejamento curricular

OBJETIVOS DO CAPÍTULO

Após ler este capítulo, o leitor terá lidado com vários aspectos relacionados à criação de currículos e planos educacionais individuais. Ele estará familiarizado com:
- diferentes variedades de currículos e planos educacionais individuais;
- a importância de que tanto os currículos como os planos educacionais individuais contenham não apenas objetivos educacionais, mas também objetivos relacionados a questões sociais;
- a importância de que os pais, os professores e as pessoas de um serviço de apoio compartilhem a responsabilidade pela criação de um plano educacional individualizado do aluno;
- a responsabilidade do professor de turma pela criação e implementação de um plano educacional individualizado para cada aluno;
- como um plano educacional individualizado pode simultaneamente encorajar e restringir a participação e o envolvimento dos alunos em aula.

RESULTADOS DO ESTUDO

O currículo é um documento escrito destinado a dar orientação à educação dos alunos. O termo refere-se a planos de educação para escolas integrais, grupos de alunos, assim com a planos educacionais individuais. Um currículo trata do conteúdo das disciplinas ensinadas assim como dos métodos de ensino e de aspectos sociais. O estudo revelou que o currículo é ajustado de várias maneiras para atender às necessidades de todos os alunos. A criação e a implementação de um plano que leve em conta cada necessidade particular de uma criança pode

envolver todos os aspectos educacionais, desde o trabalho escolar inteiro até as mudanças dentro de uma sala de aula. O estudo revelou que os seguintes aspectos dos currículos são importantes para as necessidades de todos os alunos serem atendidas:
- É importante que as escolas criem uma política global de inclusão e descrevam essa política em seu currículo escolar. Essa é uma indicação da capacidade e da vontade das escolas de melhorar as habilidades sociais dos alunos assim como suas habilidades acadêmicas.
- O que parece ser benéfico para alguns alunos provavelmente o será para a turma. As escolas devem ter isso em mente a fim de compreender que as necessidades especiais de alguns alunos podem dar à escola uma oportunidade de melhorar o trabalho escolar para todos.
- O professor de turma é responsável pela educação de cada aluno em sua turma. Para atender às variadas necessidades dos alunos, o currículo e o trabalho de aula devem ser aplicados a todos os alunos e, ao mesmo tempo, ser flexíveis e ajustáveis.
- Um plano educacional individualizado é uma estrutura para a colaboração dos professores, dos pais e do serviço de apoio em criar um currículo para um indivíduo. Eles compartilham a responsabilidade pela criação do plano educacional individualizado do aluno. O papel do serviço de apoio mudou, deixando de ter a principal responsabilidade pela criação de um plano educacional individualizado para agir principalmente como consultores.
- Um plano educacional individualizado precisa colocar a mesma ênfase nos aspectos emocionais, sociais e acadêmicos. Cada aspecto precisa refletir grandes expectativas.
- Os ajustes incluídos no plano educacional individualizado devem assegurar tanta participação em aula quanto possível. Os professores precisam estar constantemente alertas para que o plano educacional individualizado promova a solidariedade e não deixe ninguém de fora.

IMPLEMENTAÇÃO

O currículo escolar é uma declaração da política da escola e envolve questões como objetivos, implementação e avaliação. Ele também descreve as circunstâncias necessárias para atingir os objetivos estabelecidos. O currículo escolar é de natureza geral.

As necessidades dos alunos variam muito. As escolas que querem ajudar todos os alunos a atingir seus objetivos acadêmicos e um nível mais alto de maturidade têm características especiais. Essas escolas adotam a inclusão, estabelecendo, assim, um compromisso com cada aluno em particular. Enfatiza-se o ajuste do processo acadêmico às várias necessidades dos alunos, de modo que cada um deles possa estudar com seus colegas em uma sala de aula geral. Deve-se enfatizar que as soluções especiais que podem ser necessárias para um único aluno ou para um pequeno grupo de alunos geralmente são úteis para muitos ou até mesmo para a turma toda. Dessa maneira, pode-se achar soluções ajustando-se o currículo em vez de mudar os alunos de sala dentro da escola, de encaminhá-los a outros professores ou de separá-los de seus colegas de turma. O ajuste educacional deve ser realizado durante a preparação do currículo. Em alguns casos, pode ser necessário criar simultaneamente um plano educacional individualizado (de agora em diante chamado de PEI). Em ambos os casos, é o professor de turma que tem a principal responsabilidade por redigir esses planos.

As seções a seguir abordam a confecção de currículos e destinam-se a ajudar os professores a criar currículos de aula e PEIs.
- Responsabilidade.
- Níveis e características dos currículos.
- Participantes na criação de PEIs.
- Formato e conteúdo de um PEI.

Responsabilidade

Desde o momento em que uma criança inicia na escola, esta tem a responsabilidade de ajustar seu trabalho de todas as formas possíveis para atender às necessidades dessa criança em relação aos aspectos cognitivos e sociais. A escola precisa declarar suas expectativas em relação às habilidades acadêmicas e à interação social de tal maneira que os alunos tenham a possibilidade de atingi-las. Portanto, o termo "dificuldades de aprendizagem" não é mais adequado. A responsabilidade do professor de turma para ajustar o trabalho da turma à educação de todos os alunos é um fator importante dentro das escolas que encoraja a educação para todos. Como conseqüência, o papel de vários especialistas de fora da escola mudou. Em vez de criar PEIs para determinados alunos, agora eles têm um papel de apoio para auxiliar os professores na preparação e na implementação do currículo. A participação completa e ativa dos pais na criação e na implementação de um currículo é outra característica das escolas que chegaram a bons resultados com a inclusão.

Várias precondições são necessárias, como uma atitude positiva em relação à inclusão, o desejo e a capacidade de examinar e definir as necessidades e a habilidade de encontrar maneiras de atender às necessidades dos alunos de forma holística. Não se deve dar por certo que o conhecimento necessário das necessidades de um determinado aluno já existe dentro de uma escola.

Porém, esta deve considerar um fato natural o pessoal da escola receber treinamento e informações adicionais quando surgirem novas necessidades. Uma liderança forte e uma gestão clara inicia esse trabalho e realiza-o de uma etapa à outra. É claro que a gestão escolar pode dar a outra pessoa dentro da escola a tarefa da supervisão diária do projeto; entretanto, a gestão tem de observar o projeto e garantir que ele se desenvolva conforme o planejado.

Níveis e características dos currículos

Quando uma escola decide priorizar as várias necessidades dos alunos, é necessária uma reorganização global da escola. Isso envolve os professores trabalharem para melhorar e otimizar suas habilidades e atitudes. Um currículo é criado em vários níveis.

Muitos países possuem um Currículo Nacional que estabelece objetivos gerais para todos os alunos. As escolas então baseiam seus currículos no Guia do Currículo Nacional. Dentro do currículo da escola, os objetivos são definidos para turmas inteiras ou para indivíduos. Estes descrevem os objetivos e os métodos apropriados para os alunos em questão. Um currículo pode cobrir vários períodos de tempo. Ele pode cobrir o período da escola inteira, como o faz o Currículo Nacional, ou pode cobrir apenas um ano, um semestre ou até mesmo algumas semanas a cada vez. Um currículo é um tipo de plano detalhado para os alunos, para suas famílias e para seus professores, mostrando-lhes o que se encontra à frente em relação ao trabalho escolar. Um currículo deve refletir o fato de que os alunos são diferentes uns dos outros e têm necessidades diferentes. O currículo precisa enfatizar o crescimento emocional, assim como as habilidades sociais e de comunicação de todos os alunos, além de seus objetivos acadêmicos.

O ajuste do currículo de turma envolve a introdução de métodos de ensino e organização que apóiam os objetivos de cada aluno. O material de estudo deixa de ser o fator principal no processo educacional. Em vez disso, ele se torna uma parte de um contexto que leva tanto ao crescimento acadêmico como pessoal. É aí que entra o plano educacional individualizado como um método de coordenar o trabalho daqueles associados à educação de cada indivíduo. Muitas escolas afirmam que todos os alunos têm algumas necessidades especiais e, portanto, precisam de um currículo pessoal que varia em extensão, dependendo da situação do aluno.

Independentemente se todos, ou apenas alguns alunos, têm um PEI, esses planos precisam levar em conta as necessidades globais dos alunos, explicar como suas necessidades especiais serão atendidas, identificar os objetivos dos planos e explicar como o resultado será avaliado. A criação de um PEI pode oferecer uma oportunidade importante para a colaboração de professores, pais, alunos, administradores e especialistas para melhorias educacionais. É importante criar o PEI em conexão com o currículo da turma e garantir que sua implementação esteja dentro dessa estrutura. Geralmente, pode-se dizer que a natureza prática de um PEI depende de quão bem o ajuste educacional é atingido e de quão bem o plano é conectado ao trabalho geral da turma. Um PEI precisa primeiramente e, sobretudo, ser um plano detalhado indicando o desenvolvimento educacional e pessoal. Para tais planos serem práticos, precisam ser realistas, caso contrário, eles correm o risco de ser uma demanda opressora que tem pouco a ver com as questões reais que a escola precisa enfrentar. Além disso, o professor precisa concordar com o plano a fim de ser capaz de implementá-lo.

Participantes na criação de PEIs

A preparação de PEIs exige a colaboração de muitas pessoas. Em primeiro lugar, a colaboração dos professores e dos pais. A participação ativa do próprio aluno também é recomendada. Além disso, vários especialistas de dentro e de fora da escola participam. Essas pessoas reúnem seu conhecimento e experiência para criar um plano que permita aos alunos participar e utilizar o currículo de aula.

A participação dos pais é muito importante, pois eles conhecem melhor a criança. Portanto, é difícil tomar decisões importantes sobre questões acadêmicas e sociais sem consultá-los em todas as etapas. Os pais também podem criar um vínculo entre o trabalho escolar e a vida doméstica.

A participação das crianças no processo de tomada de decisão em relação a sua educação deve corresponder a sua idade e situação. Quanto mais ativos os participantes na criação de políticas sobre questões educacionais e sociais, mais satisfeitos eles deveriam sentir-se e, ao mesmo tempo, mais responsáveis. Além do mais, isso deveria melhorar sua consciência educacional.

Além do pessoal da escola, um serviço de apoio escolar e outros especialistas podem ter um papel múltiplo na criação de PEIs, especialmente durante as etapas de avaliação. Entre outros especialistas podem estar professores de alunos com necessidades especiais, fisioterapeutas, fonoaudiólogos, psicólogos e terapeutas ocupacionais. Quando o trabalho com os PEIs foi bem-sucedido, ele criou e manteve um vínculo entre a escola, o lar e vários especialistas. Conseqüentemente, eles começaram a trabalhar mais de perto com as escolas na criação de políticas e diminuíram a abordagem clínica no trabalho com alunos. É sempre necessário definir o papel de cada um no PEI, de modo que esteja claro para todos onde está a iniciativa, quem deve lidar com a coordenação e a supervisão, registrar informações, organizar reuniões e trocar informações.

Formato e conteúdo de um PEI

As necessidades individuais de um aluno e o modo como elas são atendidas são a base de um PEI. O plano é um esboço da situação do aluno, de suas necessidades e de como elas deveriam ser atendidas, assim como uma priorização de tarefas.

O leiaute do currículo em si pode diferir. Porém, é importante que seja fácil de trabalhar com ele, de modo que os professores, os pais e outros possam usá-lo para implementar os objetivos curriculares. Os PEIs estão sujeitos aos mesmos princípios que outros planos efetivos sobre educação e ensino. Um plano de longo prazo pode cobrir a metade de ou um inverno inteiro. Dentro de tal plano há planos menores que cobrem aspectos mais detalhados ou um período menor de tempo.

Durante a criação de PEIs freqüentemente surge uma divergência entre os participantes, especialmente em relação à priorização das tarefas. Quando a definição de necessidades tiver sido concluída, as partes serão estimulados a trabalhar simultaneamente em várias tarefas. Porém, é importante priorizar as tarefas. A seguinte solução provou ser efetiva na priorização de tarefas. Os pais lêem a lista de tarefas e escolhem, por exemplo, cinco aspectos em ordem de prioridade. Os professores fazem o mesmo e também os especialistas. Então esses três grupos examinam suas escolhas juntos. Eles observam o que as listas têm em comum e colocam tais questões em primeiro lugar. Dessa forma, a criação de políticas é um acordo de questões importantes. Além disso, o tempo disponível na escola e em casa é insuficiente para trabalhar simultaneamente em tudo o que os grupos consideram necessário.

Recomenda-se que planos de longo prazo para o ano escolar seguinte sejam preparados na primavera, mas que planos de curto prazo sejam redigidos um pouco antes do início da escola. Os planos de curto prazo devem cobrir tanto tempo do ano escolar quanto considera-se apropriado a cada vez. Uma revisão dos planos de longo prazo deve acontecer pelo menos três vezes ao ano. Os professores podem achar difícil preparar tais planos quando ainda não conheceram os alunos e não os viram no cenário educacional. É importante dar-se conta de que há outras pessoas que realmente conhecem o aluno, como os pais e os especialistas que trabalharam com ele no passado. O primeiro plano deve, portanto, estar baseado no conhecimento dessas pessoas. Durante o primeiro ano escolar, o professor pode revisar e melhorar os primeiros planos de acordo, à medida que vai conhecendo o aluno. Perde-se um tempo valioso demais se nenhum plano é feito após o professor ter conhecido a criança durante os primeiros meses na escola. Os planos de curto prazo podem cobrir de uma a oito semanas a cada vez. É importante reavaliar planos de curto prazo. O progresso do aluno em direção aos objetivos estabelecidos deve ser monitorado. Durante a criação do plano, é necessário determinar e registrar o formato da reavaliação. Porém, também precisa haver lugar para uma reavaliação mais freqüente se os professores, os pais ou os especialistas acharem necessário. Dessa forma, o trabalho curricular pode ser comparado a um ciclo que constantemente se refere ao nível de maturidade dos alunos e a seu bem-estar emocional como indivíduos em interação com seu ambiente.

O processo de criação de um PEI:

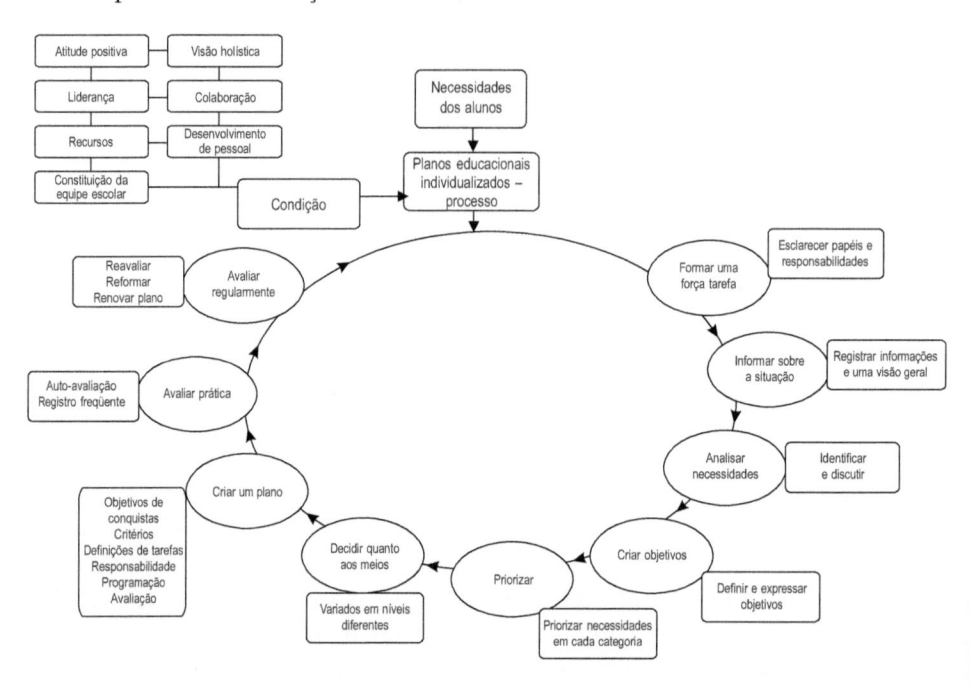

[Diagrama do processo de criação de um PEI, mostrando: Atitude positiva, Visão holística, Liderança, Colaboração, Recursos, Desenvolvimento de pessoal, Constituição da equipe escolar → Condição → Necessidades dos alunos → Planos educacionais individualizados – processo → Formar uma força tarefa (Esclarecer papéis e responsabilidades) → Informar sobre a situação (Registrar informações e uma visão geral) → Analisar necessidades (Identificar e discutir) → Criar objetivos (Definir e expressar objetivos) → Priorizar (Priorizar necessidades em cada categoria) → Decidir quanto aos meios (Variados em níveis diferentes) → Criar um plano (Objetivos de conquistas, Critérios, Definições de tarefas, Responsabilidade, Programação, Avaliação) → Avaliar prática (Auto-avaliação, Registro freqüente) → Avaliar regularmente (Reavaliar, Reformar, Renovar plano) → volta ao processo]

O trabalho com os PEIs é demorado, especialmente na primeira vez. Com o passar do tempo, o grupo obterá mais experiência e habilidade para criar esses planos e será capaz de prepará-los em um tempo mais curto. A elaboração do trabalho no início resultará em um ensino mais focalizado e, dessa forma, em melhores resultados para o aluno.

ATIVIDADES

As seguintes atividades devem melhorar a reflexão e a compreensão de questões importantes relacionadas ao trabalho curricular, inclusive a importância de atender a todas as necessidades do aluno. As atividades baseiam-se em discussões e colaboração, em análise de situações e em reflexões sobre como o trabalho escolar pode ser melhorado.

A participação dos pais na criação do currículo

Essa atividade convida-o a estudar como os pais podem colaborar com a escola na preparação do currículo. Você é encorajado a encontrar maneiras de aumentar a participação deles e a projetar um plano que implemente esses novos métodos. (60 minutos)

Metas sociais dentro do currículo

Nessa atividade, os professores, os pais e os alunos analisam as necessidades sociais dos alunos de uma determinada turma. Subseqüentemente, um plano é criado sobre as metas sociais da turma. (15 + 30 + 30 + 40 minutos)

Reconhecendo as metas de um PEI

Essa atividade envolve a preparação de listas de verificação. As listas de verificação incluem as metas de um PEI e os nomes daqueles que precisam conhecer essas metas. (30 minutos)

A parede

Essa atividade encoraja a análise do que evita a total participação acadêmica e social dos alunos em aula. Trabalhem juntos para descobrir maneiras de remover os obstáculos. Finalmente, criem um plano sobre a implementação de objetivos que melhorem a participação total. (90 minutos)

O marco

A reflexão e o registro dos aspectos que melhoram a participação ativa de todos os alunos dentro da sala de aula. Cada aspecto é discutido e é explicada a maneira pela qual ele melhora a participação ativa. O último passo envolve a criação de um plano de implementação. (60 minutos)

Auto-avaliação

Essa atividade convida os professores a refletirem sobre várias questões do currículo durante sua redação e implementação. Além disso, os professores são encorajados a escolher três questões que precisam de melhorias. (60 minutos)

Formulários para currículos e PEIs

Ao redigir currículos e PEIs, o conteúdo e a qualidade é o que importa. Menos importante são os formulários usados. Aqui são apresentados dois exemplos de formulários, um para um currículo e outro para um PEI.

A participação dos pais na criação de um currículo   60 minutos

Primeiro passo:

> Trabalhar juntos em pares. Anotar de que maneira os pais estão envolvidos na educação escolar dos alunos em sua escola.
> 1.
> 2.
> 3.
> 4.

Segundo passo:

> Discutir e registrar qualquer coisa que vocês pensem que poderá aumentar a participação dos pais.
> 1.
> 2.
> 3.
> 4.

Terceiro passo

Que dificuldades poderia envolver a participação dos pais no trabalho curricular?	
A. Listar os itens na coluna da esquerda. B. Indicar as soluções para esses problemas na coluna da direita.	
Dificuldades:	Soluções:

Quarto passo

Escolher dois fatores que melhorem a participação dos pais e criem uma programação sobre como vocês irão encorajar a implementação.

Metas sociais nas turmas   15+30+30+40 minutos

Primeiro passo

Trabalhar em grupos ou individualmente. Imaginar um certo grupo etário ou uma turma dentro de sua escola. Em sua opinião, quais são as principais necessidades sociais dos alunos?

1.
2.
3
4.
5.
6.

Segundo passo

> Conversar com alguns alunos sobre o que eles acham que precisam ou o que eles desejam no que se refere a relações sociais e comunicação com os colegas de turma e amigos. Registrar esses itens.
> 1.
> 2.
> 3.
> 4.
> 5.
> 6.

Terceiro passo

> Conversar com alguns pais sobre o que eles acham que seus filhos precisam ou desejam no que se refere a relações sociais e comunicação com seus colegas de turma e amigos. Registrar esses itens.
> 1.
> 2.
> 3.
> 4.
> 5.
> 6.

Quarto passo

> Comparar as necessidades que surgiram desses três grupos (ver primeiro, segundo e terceiro passo). O que eles têm em comum? De que maneira eles diferem?
> - Quais necessidades são atendidas na opinião de todos?
> - As necessidades sociais de quem não as tem atendidas e quais são elas?
> - O que o professor pode fazer para mudar isso?
> - Como os pais podem ajudar a mudar a situação?
> - Como os alunos podem ser participantes ativos para mudar a situação?

Quinto passo

Usar os pontos de vista e a comparação para escolher tarefas prioritárias para um currículo social.			
Fatores:	O quê?	Quem?	Quando?
Visão			
Objetivos			
Passos			
Métodos			
Material e instalações			
Período			
Critérios para resultados			
Métodos de avaliação			

Conhecendo os objetivos de um PEI   30 minutos

Geralmente, muito mais pessoas estão envolvidas na educação de um aluno do que apenas aqueles que tomam parte direta na criação do PEI. Essa atividade objetiva encorajar os participantes a se familiarizar com os objetivos de cada plano. O professor supervisor ou outra pessoa deve assegurar que tais partes estudem os PEIs dos alunos individualmente.

Primeiro passo

Pensar sobre as pessoas específicas que precisam saber das metas do plano. Escrever seus nomes na lista.									
A. Listar alguns objetivos importantes B. Fazer uma lista de todos aqueles que precisam conhecer objetivos particulares.	Aluno:	Pais:	Professor:	Professor:	:	:	:	:	:
Primeiro objetivo:									
Segundo objetivo:									
Terceiro objetivo:									
Quarto objetivo:									

Segundo passo:

Todos aqueles envolvidos devem marcar na coluna adequada demonstrando que estudaram os objetivos e como eles devem ser atingidos.

A parede   90 minutos

Primeiro passo:

Resolvido individualmente. Pensar sobre todos os alunos em uma turma e refletir sobre o que é, em sua opinião, que evita a participação acadêmica e social total deles. Anotar esses obstáculos nos tijolos na parede.

Segundo passo:

Trabalhar juntos em pares para "atirar" na parede. Vocês atiram nos tijolos, um a um, encontrando uma solução que o eliminará, encontrando uma maneira de passar por ele ou tornando-o neutro, de alguma forma. Quando tiverem derrubado um obstáculo, vocês poderão remover o tijolo da parede e, dessa forma, gradualmente demolir a parede.

Obstáculos:	Soluções:
–	
–	
–	
–	
–	

Terceiro passo:

Em pares, escolher três dessas soluções para uma reforma social e acadêmica a fim de aumentar a participação total de todos. Fazer planos, um currículo, sobre como essas mudanças podem ser implementadas.

Soluções:

Descrição do método:

Participantes:

Período:

Material necessário e auxílios:

Critérios para os resultados:

Descrição de maneiras para obter resultados:

O marco
60 minutos
Primeiro passo

> Resolver individualmente. Listar tudo que intensifique a participação ativa de todos os alunos em seu trabalho com eles, com os pais e com seus colegas. Enfatizar especialmente seu trabalho em sala de aula.
> –
> –
> –
> –
> –
> –

Segundo passo

> Sentar juntos em pares e construir um marco, usando as questões que vocês anotaram, de modo que conversem sobre elas e debatam sobre como elas intensificam a inclusão. Depois disso, anotar cada questão em uma pedra do marco. Dessa maneira, ajudar uns aos outros dessa maneira a construir um marco de inclusão para sua escola.

Terceiro passo

> Observar o marco da pessoa sentada ao seu lado ou de outra pessoa que estiver trabalhando nessa atividade. Escolher uma ou duas pedras em seus marcos que não estejam no seu e obter informações sobre como eles planejam intensificar a inclusão. Então escolher uma pedra e listar como vocês podem usar essa idéia na situação em sua sala de aula.
>
> Método:
> –
> –
> –
> –
> –

Auto-avaliação   60 minutos
Primeiro passo

> Os seguintes aspectos são importantes ao se redigir um currículo. Refletir sobre sua própria experiência e marcar na lista de acordo com a situação atual.

Lista de verificação para a redação e a implementação de um currículo	Nunca	Raramente	Às vezes	Freqüentemente	Sempre
Os pais são participantes ativos na redação do currículo.					
Os alunos participam na decisão de metas de estudos.					
Especialistas externos participam da redação do currículo quando considerado necessário.					
Os professores colaboram quando redigem o currículo.					
O currículo leva em conta as necessidades de todos os alunos.					
O currículo descreve metas sociais.					
Em casos onde o PEI é redigido, ele reflete o currículo de sala de aula.					
Informações históricas relevantes sobre os alunos são obtidas.					
A prioridade das metas e projetos é discutida.					
As metas são claramente definidas.					
As metas são divididas em passos.					
As maneiras de atingir as metas e as maneiras de estudar e ensinar estão claramente expressas.					
As maneiras escolhidas têm probabilidade de encorajar a participação ativa de todos os alunos.					
Uma avaliação regular da relevância do currículo é realizada.					
A correlação entre o currículo e os PEIs é regularmente reavaliada.					

Segundo passo

> Concentrem-se em três aspectos da lista que vocês julguem ter maior necessidade de serem melhorados. Mencionem pelo menos três abordados, os quais sejam maneiras prováveis de melhorias.
>
> 1 _____
> _____
> 2 _____
> _____
> 3 _____
> _____

Formulários para currículos e PEIs

Ao redigir currículos e PEIs, o conteúdo e a qualidade é o que importa. Menos importantes são os formulários usados. A seguir estão dois exemplos de formulários, um para um currículo e o outro para um PEI.

Currículo

Grupos de alunos identificados: _____
Aspectos a estudar: _____
Período: _____

Metas de estudo:
Metas sociais:
Outras metas:

Descrição de métodos:	Recursos necessários:

Critérios para resultados:

Modos de avaliação:

Plano Educacional Individualizado

Nome: Período:	
Componentes a priorizar:	1. 2. 3.
Metas para o semestre/período:	1. 2. 3.
Modos/Métodos:	
Constituição do quadro de pessoal e responsabilidade:	
Recursos:	
Critérios para resultados:	
Modos de avaliar resultados	

LEITURA RECOMENDADA

Helping Students Develop their IEPs. NICHY Technical Assistance Guide. #TA2, December 1995. http://www.nichy.org/pubs/stuguide/ta2book.htm
Lang, Grega and Chris Berberich. *All Children are Special. Creating the Inclusive Classroom.* Main, Stenhouse Publishers.
Smith, T.E.C., E.A. Polloway, E.J.R. Patton, C.A. Dowdy. 1998. *Teaching students with special needs in inclusive settings.* 2nd edition. Boston: Allyn and Bacon.
Special Education. Individual Education Planning for Students with Special needs. http://bced.gov.bc.ca/specialed/iepssn/writeiep.htm
Stainback, S. and W. Stainback, Eds. (1996). *Inclusion. A guide for educators.* Baltimore, Paul H. Brookes.

13
Prática em sala de aula

OBJETIVOS DO CAPÍTULO

Após a leitura deste capítulo e o trabalho com as atividades, o leitor estará se familiarizado com os seguintes aspectos da prática inclusiva em sala de aula:
- Os pontos de vista fundamentais a valorizar a diversidade e as diferenças que os alunos trazem à cultura escolar e o compromisso de atender às necessidades dos alunos dentro do contexto social da sala de aula.
- A importância de planejar de forma conjunta o desenvolvimento cognitivo e social dos alunos, encorajando a comunicação em situações de aprendizagem e intensificando as interação em sala de aula.
- Os elementos básicos da aprendizagem cooperativa e o valor da colaboração dos alunos.
- As várias formas de adaptação curricular, sobreposição e aprendizagem baseada na investigação.
- Os benefícios do ensino em equipe em classes inclusivas.

RESULTADOS DO ESTUDO

Os resultados do estudo ETAI refletem fortemente a importância da prática em sala de aula relacionada à educação escolar inclusiva. Muitos têm dito que o que realmente acontece no dia-a-dia dentro de cada sala de aula representa a política real de cada escola, independentemente de qual política esteja documentada. A prática em sala de aula pode ser definida como tudo o que ocorre no espaço e no tempo de trabalho em um determinado contexto de aprendizagem. Isso, por sua vez, afeta a escola inteira.

A seguir, estão alguns dos principais resultados da prática em sala de aula do estudo ETAI:
- Toda mudança na prática deveria reconhecer o direito de qualquer criança a manter as mesmas oportunidades de aprendizagem e desenvolvimento pessoal dentro do contexto da sala de aula, como as outras crianças.
- Um plano educacional individualizado para um determinado aluno faz sentido apenas quando reflete grandes expectativas no domínio cognitivo, social e emocional, e leva em conta o relacionamento do aluno com os outros alunos. Um PEI de curto prazo parece ser desejável para todos os alunos.
- Estratégias e métodos de aprendizagem devem abordar simultaneamente as necessidades cognitivas e sociais dos alunos.
- A aprendizagem cooperativa contribui muitíssimo para a criação de ambientes de aprendizagem inclusiva.
- A participação dos alunos na tomada de decisões e em atividades – que promovem a autonomia, a auto-estima e os laços afetivos – pode ser facilitada por meio das experiências de aprendizagem e das questões sociais. Assim, essa participação, vai além da sala de aula.
- O ensino em equipe parece aumentar as possibilidades dentro da sala de aula. A partir dele, os alunos beneficiam-se da diversidade de estratégias; além disso, aos alunos uma melhor qualidade e uma maior quantidade de atenção. Dentro do ensino em equipe, os professores precisam ser responsáveis, de forma conjunta, por todos os alunos.

IMPLEMENTAÇÃO

Ao mesmo tempo em que reconhecemos que os alunos têm muitas características em comum, também reconhecemos que cada um é único e apresenta necessidades de aprendizagem específicas. Os alunos têm diferentes estilos de aprendizagem, ritmos, talentos e preferências de aprendizagem. A escola inclusiva aceita esse ponto de vista. Ela celebra a diversidade, responde à heterogeneidade, valoriza as diferenças e elogia a autonomia. A classe inclusiva é o fórum para atender às várias necessidades de todos os alunos.

Este capítulo reflete sobre a complexidade de abordagens para atender às várias necessidades dos alunos, sobre o papel e as ações dos professores, as interações entre os alunos e os professores e entre os alunos. Ele também aborda o uso de métodos e de material e outras questões importantes para a promoção de uma aprendizagem significativa para todos.

Entre os muitos assuntos importantes nesse contexto, os seguintes serão abordados:
- contextos de educação inclusiva;
- a organização do trabalho em sala de aula;
- a colaboração dos alunos;
- o ensino em equipe.

Contextos de educação inclusiva

A inclusão pode estar associada à idéia de uma comunidade de aprendizagem diferente, dentro da qual as pessoas atingem níveis mais altos de desenvolvimento juntas do que conseguiram separadamente. A suposição básica é que todas as crianças possuem necessidades especiais a serem satisfeitas, e não apenas aquelas cujas necessidades são bastante óbvias. Esses princípios implicam uma procura sem fim por uma melhoria nas condições. Preocupações sobre o crescimento afetivo e emocional das crianças são relevantes, assim como a qualidade da relação pedagógica e a necessidade de disponibilizar um apoio contínuo a todos os alunos.

Existem muitas maneiras de se criar um contexto educacional inclusivo. Isso envolve a criação de condições organizacionais e curriculares nas quais cada um e todos os alunos possam aprender. Também pode ser antecipado que os processos inclusivos não terão como objetivo meramente os indivíduos, mas também a comunidade de alunos.

A classe inclusiva precisa ser pré-planejada. Aspectos importantes são a formação de relacionamentos, um ambiente afetuoso e generoso, a igualdade, a possibilidade de apoio permanente e altas expectativas em relação a necessidades múltiplas. As estratégias valorizadas são o trabalho em equipe de professores e alunos, a aprendizagem cooperativa, a intensificação das relações sociais, as adaptações de equipamentos e a gestão curricular.

A organização do trabalho em sala de aula

As abordagens inclusivas convidam todos alunos a aprenderem dentro do contexto social da sala de aula. Além disso, enquanto as diferenças são valorizadas e vistas como oportunidades, o acesso dos alunos ao currículo é assegurado. Diferentes maneiras podem coexistir na mesma lição, em que as diferenças pessoais e a diversidade dos meios de aprendizagem não se tornam obstáculos. Esses pontos de vista são constatados pela concessão de oportunidades de aprendizagem.

Muitos professores acharam exigente a criação da cultura necessária e a aquisição de habilidades solicitadas para classes inclusivas. A criação de ambientes educativos onde todos os alunos podem se desenvolver depende do planejamento que permite aos alunos ter acesso a uma grande variedade de métodos de aprendizagem. Existem dois aspectos principais que os professores precisam focalizar quando planejam classes inclusivas. Um é concentrar-se na aprendizagem em vez de no ensino, e o outro é optar por estratégias, estruturas e métodos que apóiem a interação social. Os professores encontram várias maneiras de organizar o ambiente de aprendizagem. Algumas abordagens serão descritas aqui.

Em primeiro lugar, existem objetivos predeterminados, os quais se espera que todos os alunos atinjam. Resultados de aprendizagem semelhantes ou iguais são esperados, mas a maneira de estudar pode ser adaptada às necessidades dos alunos. Isso seria decidido de antemão e seria uma parte do processo de planejamento. As opções para adaptações curriculares são: a) alterar as demandas da tarefa; b) alterar a maneira como a tarefa é realizada; ou c) alterar o produto da tarefa.

Em segundo lugar, existe uma sobreposição curricular, o que significa que o mesmo contexto de aprendizagem é usado para atingir resultados de aprendizagem diferentes. Para ilustrar isso, daremos o exemplo de dois alunos trabalhando em pares com um idioma estrangeiro. Eles usam cartões codificados por cor. Cada cartão mostra de um lado uma tarefa ou uma pergunta, mas no outro lado é dada a solução. Um dos alunos está trabalhando com vocabulário. Seu parceiro pede que ele leia verbos e os traduza. O outro aluno está trabalhando com verbos irregulares. Seus cartões podem envolver os mesmos verbos. Juntos, eles ajudam um ao outro a praticar. Seus objetivos estão dentro do mesmo idioma estrangeiro, eles trabalham juntos e usam os mesmos métodos de aprendizagem. Porém, seus programas de trabalho diferem. A sobreposição pode aplicar-se à freqüência, à complexidade, mas se aplica principalmente a objetivos bastante diferentes, que podem não estar relacionados àquilo por que os outros no grupo estão empenhando-se. Um exemplo disso pode ser um grupo fazendo pesquisa sobre a cultura de uma nação distante. O principal objetivo para um aluno é praticar habilidades sociais. Ele pode ter três objetivos: permanecer no grupo, permanecer na tarefa e praticar para ter consideração com seus colegas. O principal objetivo para o segundo aluno pode ser praticar a escrita, enquanto o resto do grupo tem como objetivo principal familiarizar-se com e entender até certo ponto a cultura da nação em questão.

Em terceiro lugar, existe a possibilidade de aprendizagem baseada em investigação, o que muitos professores, assim como alunos, acham recompensador. Esse tipo de aprendizagem encoraja os próprios alunos a fazerem perguntas e a procurarem por respostas para essas perguntas. A investigação geralmente se baseia em questões abertas e, durante esse tipo de aprendizagem, eles aplicam habilidades de estudos; eles formulam perguntas, usam vários meios para procurar por respostas. Freqüentemente, a resposta a uma pergunta leva à formação de uma nova pergunta. Quando os alunos terminam de coletar os dados, eles os estudam, procuram por semelhanças e contrastes como base para suas categorizações. Por meio de análise e síntese eles finalmente chegam a uma conclusão. A estrutura para esse tipo de aprendizagem pode variar. As metas podem ser as mesmas ou diferentes para alunos dentro do mesmo grupo de estudo. A investigação baseada na aprendizagem facilmente dá lugar a diferentes estilos, interesses e habilidades em situações de aprendizagem.

A utilização do espaço também é uma questão. As salas de aula não são, de maneira nenhuma, a única área para estudo. Outras partes do prédio da escola, ou seja, o *hall*, o *playground* e o ambiente fora do pátio também estão repletos de oportunidades para aprendizagem. A flexibilidade deve ser encorajada.

Existe uma história de planos educacionais individuais para um ou alguns alunos dentro de cada turma. Tais planos provaram ser um obstáculo ou um apoio à aprendizagem progressiva. Recomenda-se que planos individuais sejam desenvolvidos para todos os alunos. Eles precisam envolver objetivos de curto prazo e altas expectativas para a aprendizagem e o desenvolvimento no domínio cognitivo, emocional e social. Geralmente, o que é considerado bom para uma pessoa ou algumas pessoas tende a ter valor para a maioria dos alunos.

Todos os alunos desenvolvem uma auto-imagem forte e positiva, eles reforçam sua metacognição e autonomia em seu próprio estudo. Cada aluno tem seus próprios momentos para descobrir e estar ciente do que aprendeu. O aluno escolhe o momento de mostrar o que ele sabe e é capaz de fazer. Isso contribui para a confiança pessoal, para o desenvolvimento do senso crítico dos alunos e para o crescimento de sua auto-estima.

A colaboração dos alunos

A comunidade inclusiva não apenas respeita todos os alunos, mas também apóia a interação positiva entre eles. Isso é feito por meio da aprendizagem estruturada e de situações sociais menos formais.

A colaboração dos alunos na aprendizagem é comum, se não dominante, em classes inclusivas, apesar de sessões de turma inteira e trabalho individual também serem apreciados. A abordagem colaborativa mais recompensadora é a aprendizagem cooperativa. Ela fornece certos elementos centrais de comunicação como a interdependência positiva, a interação face a face, a responsabilidade individual, as habilidades grupais interpessoais e a auto-avaliação colaborativa. Dentro dessa abordagem, as variações são infinitas. Os professores precisam planejar com antecedência a adaptação curricular desejada. Na maioria dos casos, é possível construir a cooperação dentro da própria tarefa, alocando papéis para cada aluno. Em todos os casos, a tarefa de cada aluno precisa ser tal que conte, e o grupo apenas se beneficiará se todos os alunos fizerem sua parte.

Organizar o trabalho cooperativo é um desafio e exige habilidades e atenção positiva por parte dos professores. Existem duas facetas no processo de planejamento – a exigência cognitiva e social da tarefa. Os professores geralmente têm habilidades em planejar tarefas cognitivas, porém, podem precisar de algum apoio durante as primeiras etapas do planejamento dos aspectos sociais da aprendizagem. A exigência social de uma tarefa colaborativa descreve o tipo e a quantidade de cooperação. Os professores levam em conta as experiências prévias do grupo, decidem sobre o próximo objetivo para o desenvolvimento social e, então, planejam as tarefas sociais. Elas podem envolver a discussão de papéis dentro de um grupo, encontrar um parceiro, refletir com um colega sobre o trabalho, planejamento conjunto e tomada de decisões, escutar os outros e mostrar respeito pelas opiniões de outros alunos. Sugere-se, sempre que possível, que as exigências cognitivas e sociais sobreponham-se.

A formação de grupos e de pares pode variar. Porém, o ponto de vista fundamental é que os grupos sejam heterogêneos. Todos os alunos têm a necessidade de ter seu lugar próprio. Uma maneira de garantir o acesso permanente aos outros é organizar todos os alunos em grupos de três, um desses alunos considerado como tendo maiores necessidades do que os outros. Inicialmente, esses grupos são organizados pelos professores. Mais tarde, os próprios alunos formam e reformam esses grupos. Dentro de cada grupo, há períodos de trabalho colaborativo, trabalho em pares ou estudo individual. Em outro sentido, se o aluno tiver a oportunidade de escolher se pode unir-se livremente a um grupo, os laços afetivos serão reforçados.

Também é necessário apoiar a academicidade por outros meios. Uma maneira é os alunos freqüentarem e conduzirem uma assembléia semanal em que discutam sua própria comunidade e como eles poderiam gostar de continuar a desenvolvê-la. Durante tais experiências, os alunos aprendem a respeitar os outros, a reconhecer os direitos e os deveres das outras pessoas, em um exercício essencial de aprendizagem, em um ambiente democrático e cooperativo. Outra opção é dar aos alunos acesso a uma caixa, "uma caixa dos segredos", onde eles podem expressar suas preocupações por escrito procurando resolver suas próprias dúvidas e problemas ou estabelecer comunicação com quem eles desejarem. Para conhecer mais bibliografia sobre a interação dos alunos, veja um capítulo sobre interação social.

Qualquer que seja a questão, é importante ter em mente que o alvo da intervenção não é apenas o próprio aluno, mas também a instituição como um todo, os agentes educacionais que constituem equipes, as condições concretas de formas novas e diferentes de gestão curricular.

O ensino em equipe

Descobriu-se que o ensino em equipe é uma estratégia central das classes inclusivas. Os benefícios são múltiplos. Conhecer as características dos alunos, suas habilidades e dificuldades, como resultado de diferentes observações e perspectivas, parece ser uma experiência mais rica do que aquilo que resulta da visão de apenas um professor. Além disso, a diversidade das necessidades dos alunos pode exigir um ensino mais complexo do que aquele esperado de um professor. Dessa forma, durante o planejamento e a reflexão, os professores elaboraram sobre experiências compartilhadas com os alunos.

O ensino em equipe permite uma intervenção coordenada de diferentes professores para um aluno ou um pequeno grupo de alunos. Isso encoraja o estabelecimento de uma diversidade de contatos e diferentes tipos de comunicação e abordagens entre professores e alunos.

Os professores precisam planejar aulas e optar por métodos, o que maximiza a vantagem do ensino em equipe. Eles assistem de forma conjunta todos os alunos e compartilham suas responsabilidades dentro, assim como fora da sala de aula. Porém, os professores dentro da equipe podem valer-se de seus próprios interesses e habilidades diversos, especializando-se em disciplinas e projetos.

Recomenda-se que os professores, logo no início de sua colaboração, discutam sua forma preferida de colaboração, o que eles podem esperar dela. Convém que compartilhem pontos de vista sobre o ensino e a aprendizagem, que discutam o modo como abordarão as várias tarefas que os esperam e que distribuam os vários papéis e responsabilidades.

ATIVIDADES

As atividades propostas nesta seção referem-se a algumas das muitas maneiras possíveis de refletir e de transformar as práticas em sala de aula. Depende de cada professor e grupo de auto-educação extrair desses exemplos a intenção subjacente e adaptá-los a suas realidades. É importante enfatizar o papel da auto-avaliação no desenvolvimento pessoal e profissional dos professores. Isso acontece especialmente quando há uma intenção específica de introduzir mudanças em nossos sistemas complexos de sala de aula. As perguntas mais importantes são aquelas que surgem do grupo de professores envolvidos no processo educacional.

Contextos de educação inclusiva

Essa atividade refere-se à criação de contextos de aprendizagem inclusivos. Os professores são convidados a refletir sobre elementos que restringem e permitem a inclusão na sala de aula. Eles compartilham pontos de vista, analisam e estabelecem prioridades. Finalmente, eles escolhem dois aspectos para os quais realizar planos de ação. (80 minutos)

Trabalho colaborativo

A segunda atividade refere-se ao trabalho colaborativo. Os professores são encorajados a observar como seus colegas organizam a colaboração dos alunos. Ao observar vários professores, eles coletam informações de várias maneiras. Juntos, eles analisam e discutem questões importantes sobre colaboração. Os professores são encorajados a aprimorar suas próprias habilidades na organização de trabalho em equipe colaborativo. (120 minutos)

Organização em sala de aula

Essa atividade convida os professores a compartilhar seu conhecimento especializado. Eles refletem sobre seus próprios métodos e compartilham-nos com os outros. Identificam abordagens e métodos que não são normalmente usados pelos professores, discutem e debatem sobre os benefícios da abordagem em classes inclusivas. Por fim, eles planejam a implementação de uma das abordagens que não são usadas normalmente até o momento. (90 minutos)

Avaliação de mudanças

As mudanças e as melhorias são uma noção central no trabalho dos professores atualmente. É necessário refletir sobre mudanças e perguntar se estamos indo bem. Esta pequena lista de verificação convida os professores a refletirem sobre alguns aspectos relacionados ao trabalho inclusivo. Recomenda-se que eles reflitam regularmente sobres as questões e comparem suas próprias respostas. Os professores são encorajados a adicionar itens à lista. (40 minutos)

Reflexão sobre a prática em sala de aula

Os professores que ensinam os mesmos alunos refletem sobre sua prática em sala de aula preenchendo separadamente uma lista de verificação. Eles comparam sua avaliação e discutem valores e práticas. Juntos, eles decidem os próximos passos que desejam dar a fim de melhorar o trabalho em sala de aula. (60 minutos)

Gráficos de observação em sala de aula

Para melhorar a prática em sala de aula, os professores precisam coletar informações. Uma maneira de fazer isso é fazer anotações curtas sobre situações dentro da sala de aula a qualquer momento. O tempo de observação pode ser de 5 a 15 minutos a cada vez. Os alunos podem ser excelentes co-trabalhadores, ajudando os professores a coletar informações. (15 minutos)

Contextos de educação inclusiva   **80 minutos**

Primeiro passo

Individualmente, refletir sobre as condições para uma educação inclusiva na sala de aula. Na coluna da esquerda, escrever os elementos que você acha que restringem a operação de uma classe inclusiva. Na coluna da direita, escrever aqueles que você acha que são habilitadores.	
Elementos restritivos:	Elementos habilitadores:

Segundo passo

Em pares, comparar suas respostas no primeiro passo. Concentrar sua atenção nos elementos; o que pode ser restritivo para você, pode ser habilitador para outra pessoa.

Terceiro passo

Em pares, refletir e anotar as questões que você considera mais importantes de garantir em sua sala de aula, de maneira que eles possam representar uma educação inclusiva. – – – –

Quarto passo

> A. Encontrar outro par, comparar os elementos mais importantes do terceiro passo. Concordar em um ou dois elementos a serem implementados em suas salas de aula.
> 1.
> 2.
> B. Confeccionar planos de ação para tais elementos.

Trabalho colaborativo   120 minutos

Esta atividade convida os professores a aprenderem uns com os outros sobre a cooperação dos alunos e a refletir de forma conjunta sobre tal aprendizado. Antes dos primeiros passos, os professores formam um grupo para trabalharem juntos nesta tarefa. Pode ser um número pequeno de professores ou uma atividade envolvendo a escola toda.

Primeiro passo:

> Trabalho individual. Negociar para observar o ensino em outra sala de aula. Observar durante 15 minutos como um professor organiza a colaboração dos alunos. Anotar sua impressão, concentrando-se no que parece ser mais positivo ou interessante no trabalho do outro professor (que permanece anônimo). Repetir as observações uma vez por semana em salas de aula diferentes.

Observações:	Avaliação positiva:

Segundo passo

> Trabalho em pares. Encontrar-se com um colega antes das reuniões de grupo semanais. Compartilhar as observações que você fez e discuti-las. Anotar o que você sente sobre o que experienciou durante as observações e o que você aprendeu com elas.

Terceiro passo

Preparar-se para apresentar seus pontos de vista ao grupo quanto às seguintes questões:
• O que a expressão "trabalho colaborativo em equipe" significa para mim?
• Nós já o implementamos? Onde? Como? Quando? Com que objetivo?
• Nós não o praticamos? Por que não?

Quarto passo

Trabalho em grupo. O grupo reúne-se uma vez por semana. Eles compartilham o que aprenderam com base em suas observações. Listar as questões que vocês acham comuns nas observações.
–
–
–
–
–

Quinto passo:

Trabalho em grupo. Os participantes apresentam seus pontos de vista e discutem-nos. Indicar vantagens e desvantagens do trabalho colaborativo em equipe do professor.

Vantagens:	Desvantagens:

Sexto passo:

Em conjunto ou individualmente, escolher aspectos do trabalho colaborativo que vocês gostariam de melhorar. Redigir um plano de ação para implementação. Esse ciclo de pesquisa de ação é repetido semanalmente.

Organização da sala de aula   90 minutos
Primeiro passo

Individualmente, fazer uma lista dos métodos de ensino e das formas de trabalho mais utilizadas em sala de aula e explicar as razões para esse uso. Adicionar informações sobre a maneira que as abordagens registradas respondem a cada necessidade do aluno.		
Os métodos e a organização mais utilizados: 1. 2. 3. 4. 5.	Por que utilizá-los: 1. 2. 3. 4. 5.	Descrever as maneiras pelas quais eles respondem às necessidades dos alunos: 1. 2. 3. 4. 5.

Segundo passo

Em pares, examinar a lista um do outro. Estudar o que é comum e o que é diferente. Listar os métodos comuns. Indicar os métodos que são usados por apenas um dos professores.		
Abordagens comuns: 1. 2. 3. 4. 5.	Abordagens usadas por apenas um professor: 1. 2. 3. 4. 5.	Comentários e reflexões: – – – – –

Terceiro passo

Trabalho em equipe. Fazer uma lista completa das abordagens que *não* são usadas por todos os professores. Debater sobre o benefício de sua adoção por todos e selecionar um deles. Escutar a descrição detalhada da abordagem feita pelo(s) professor(es) que a utiliza(m). Planejar sua introdução no trabalho em sala de aula.	
Abordagens: 1. 2. 3. 4. 5.	Benefícios: 1. 2. 3. 4. 5.
Descrição do método selecionado:	
Planejamento: Metas: Tarefas a desenvolver: Material a ser disponibilizado: Pessoas responsáveis: Gerenciamento do tempo:	Avaliação:

Avaliação de mudanças 40 minutos

Os professores que promovem mudanças de qualquer tipo podem aplicar essa escala de avaliação periodicamente.
Após preencher o formulário, compare-o com avaliações posteriores.

Primeiro passo

Quão verdadeiras são as seguintes declarações em relação a nossa prática em sala de aula?*	1	2	3	4	5
Concordamos que cada aluno tem necessidades educacionais especiais.					
Concordamos que a resposta a essas necessidades deve estar dentro das condições sociais da sala de aula.					
Introduzimos mudanças na organização da sala de aula.					
Alguns aspectos de nosso trabalho em sala de aula precisam ser mudados.					
Precisamos de apoio de algum tipo para melhorar nossas habilidades a fim de atender às diversas necessidades dos alunos.					
A aprendizagem de nossos alunos melhorou como resultado direto das mudanças que introduzimos.					
Nosso trabalho em sala de aula tem respondido cada vez mais a cada aluno.					
Nossos alunos desenvolveram habilidades no trabalho cooperativo e na autonomia.					
A troca de idéias com outros professores, com os pais dos alunos e com as escolas foi útil.					
Ainda desejamos mudar outros aspectos de nosso trabalho.					
* 1 – discordo totalmente 2 – discordo parcialmente 3 – neutro 4 – concordo parcialmente 5 – concordo totalmente					

Segundo passo

> Escolher uma questão em que se concentrar nos próximos dias e semanas. Você poderá desejar redigir um plano de ação descrevendo o propósito de sua abordagem, descrever melhorias, se necessário, e assim por diante.

Reflexão sobre a prática em sala de aula 60 minutos

A. Individualmente, refletir sobre sua prática em sala de aula e avaliar os seguintes aspectos.
Adicionar à lista outros aspectos que você achar importante e desejar comentar.
B. Trabalhar com um colega que lecione para os mesmos alunos. Comparar suas respostas e discutir valores e práticas. Decidir sobre os próximos passos que você deseja dar a fim de melhorar o trabalho em sala de aula.

	Sim	Às vezes	Não
O trabalho cooperativo faz parte de seus planos de aula?			
Planejamos adaptações curriculares, tais como mudanças nas demandas de tarefas, na maneira em que as tarefas são feitas ou mudança no produto das tarefas?			
Nós incluímos aprendizagem baseada em investigação em nossos planos de aula?			
Nós planejamos com antecedência atividades e estruturas, as quais apóiam a interação social dos alunos?			
Nós tiramos tempo para refletir sobre a prática em sala de aula a fim de melhorar nosso trabalho e intensificar o desenvolvimento dos alunos?			
A gestão escolar garantiu uma maior variedade de oportunidades curriculares?			
Nós presumimos que cada aluno é um ser único com necessidades específicas?			
Nós compartilhamos responsabilidades iguais no ensino em equipe com relação a planejamento, resolução de problemas, reflexão e colaboração com os pais?			
Os professores no ensino em equipe respondem de maneira igual a todos os alunos?			

Gráficos de observação em sala de aula **15 minutos**

Realizar observação em sala de aula e registrar as atividades mais freqüentes:
(Exemplo de gráficos de observação)

Avaliação e apreciação de tarefas, resultados, interação, etc.	Individual	Par	Cooperativo

Atividades planejadas cooperativamente	Freqüência	Observações Anotações
Planejadas pelos próprios alunos		
Planejadas pelos professores		
...		
...		

Apoio na sala de aula	Freqüência	Observações Anotações
Professor a professor		
Professor a aluno		
Especialista a aluno		
Aluno a aluno		
...		

(nomes)____demonstram iniciativa na comunicação	Freqüência	Observações Anotações

LEITURA RECOMENDADA

Bearne, Eve. 1996. *Differentiation and diversity in the primary school*. London, Routledge.
Hart, Susan.1996. *Differentiation and the secondary curriculum. Debates and dilemmas*. London, Routledge.
Johnson, David, W. and Roger T. Johnson. 1994. *Learning together and alone: cooperative, competitive, and individualistic learning* (4th ed.) Boston, Allyn and Bacon.
Joyce, Bruce; Marsha Weil with Emily Calhoun. 2000. *Models of Teaching* (6th ed.) Boston: Allyn and Bacon.
Silberman, Charles E. 1973. *The Open Classroom Reader*. New York, Vintage Books.

14
Colaboração e coordenação

OBJETIVOS DO CAPÍTULO

Após ler este capítulo e trabalhar com as atividades, o leitor terá se familiarizado com os seguintes aspectos de colaboração e coordenação:
- o valor da colaboração quando as tarefas são complexas e muito abrangentes para os indivíduos enfrentarem;
- colaboração com relação a melhoramento e como o trabalho em grupo pode qualificar as pessoas;
- as várias formas e propósitos da colaboração;
- pontos de vista sobre os resultados positivos da colaboração próxima entre o pessoal das escolas, os pais e os especialistas externos;
- pontos de vista sobre como especialistas externos combinam sua especialização e a escola como um todo;
- a importância da coordenação e a distribuição de papéis e de responsabilidades.

RESULTADOS DO ESTUDO

Uma das conclusões do estudo ETAI é a forte tendência à colaboração em todas as escolas do estudo. Pode-se dizer que a colaboração foi não apenas uma maneira de trabalhar, mas o fio condutor com o qual o trabalho inclusivo contou. Isso mostrou ser especialmente verdadeiro com relação à estreita colaboração entre os professores que compartilhavam as mesmas turmas. Além disso, uma colaboração resoluta foi encontrada entre os alunos, dentro das escolas, entre o pessoal e, por último, mas nem por isso menos importante, entre os especialistas e os pais. No contexto do ETAI, a colaboração referiu-se amplamente a duas características. Uma foi fornecer e garantir o acesso de todos os alunos à comunidade escolar e a segunda referiu-se à responsabilidade compartilhada e ao trabalho direcionado a objetivos comuns. A coordenação também teve um papel importante dentro do estudo. A partir das principais conclusões sobre o assunto da colaboração e da coordenação, pode-se concluir o seguinte:

- A colaboração é uma das pedras angulares da educação escolar inclusiva. Ela precisa estar presente em todos os níveis. Refere-se aos alunos dentro da sala de aula, à equipe de professores que leciona, ao pessoal em geral e ao trabalho com peritos externos, como os especialistas e os pais.
- Quanto maiores forem as necessidades especiais, maior a necessidade de colaboração e coordenação. Recomenda-se veementemente que o ensino em equipe seja iniciado quando as necessidades dos alunos variarem demais.
- Os professores que lecionam para os mesmos alunos precisam formar relações de trabalho próximas. Eles compartilham responsabilidades de forma igual, tais como tomada de decisão, planejamento, resolução de problemas, consulta e apoio mútuo. Essa responsabilidade compartilhada e igual, porém, dá lugar à distribuição de tarefas e especialização.
- Como a educação escolar inclusiva não é uma questão particular de uma sala de aula, mas uma parte de uma política escolar, é importante formar equipes colaborativas do pessoal para apoiar os professores no ensino diário. Essas equipes são formadas para certos períodos, para projetos específicos ou podem funcionar por um tempo indefinido.
- O nível de apoio dos especialistas externos parece aumentar consideravelmente quando os peritos trabalham de forma próxima com o pessoal na escola como um todo, em vez de concentrar toda a sua atenção no trabalho clínico com alunos individuais.
- O trabalho colaborativo com os pais é visto como essencial, anterior à educação escolar da criança, assim como durante toda sua educação escolar. Enfatiza-se que deve estar presente o respeito pelo conhecimento e pela atitude um do outro em todos os momentos.
- A comunicação e a colaboração dos alunos é vista como um elemento-chave da inclusão. Isso está relacionado a vínculos informais assim como à aprendizagem. É o pessoal das escolas que precisa dar início a ambos os aspectos e cultivá-los constantemente.

IMPLEMENTAÇÃO

A colaboração é um elemento da maior importância nas escolas inclusivas. Ela é vista como um estilo preferido de trabalho por várias razões. As escolas inclusivas são tão complexas que necessitam de conhecimento e as habilidades especiais variadas para serem operadas. Algumas tarefas são tão grandes que não se pode esperar que apenas uma pessoa as realize. A prática inclusiva requer que as pessoas influenciem a elaboração de políticas, a implementação e a avaliação. A abordagem inclusiva tenta garantir o acesso integral dos alunos aos cenários sociais e de aprendizagem dentro da escola.

A colaboração tem várias dimensões, formas e propósitos. Como acontece com muitos aspectos do ensino e da aprendizagem, é importante que as escolas reconheçam que a colaboração precisa ser praticada ampla e freqüentemente a fim de melhorar as habilidades colaborativas com o pessoal e com os alunos. Quatro aspectos principais da colaboração, juntamente com a coordenação, serão abordados aqui:
- colaboração para melhorias e mudança;
- colaboração do pessoal;
- colaboração com agentes externos;
- colaboração dos alunos;
- coordenação.

Colaboração para melhorias e mudança

A prática escolar tradicional caracteriza-se, entre outras coisas, pelo isolamento dos professores. Eles são designados para turmas ou disciplinas, e são deixados mais ou menos sozinhos para se adaptarem a isso. Porém, em tempos de mudança, achou-se necessário para os membros do pessoal unir forças. Pode-se discutir que, quanto maiores as mudanças, maior será a colaboração necessária.

As mudanças de um escola tradicional para uma prática inclusiva são complexas e não podem ser feitas de um dia para outro. A inclusão demanda reflexão sobre visão e atitude e, com grande freqüência, a adoção ou a criação de uma nova visão em relação à educação escolar, à aprendizagem e aos aspectos sociais. Uma abordagem que parte do nível mais alto para níveis de detalhamento progressivos não parece ser a mais apropriada. Em vez disso, o pessoal precisará passar tempo junto para uma reflexão e avaliação de experiências passadas e para formular novos objetivos para o futuro. Durante esse período, os professores ficam mais familiarizados, compartilham pontos de vista e obtêm um melhor conhecimento e compreensão a respeito de seus colegas. Além disso, eles enriquecem seu vocabulário profissional para uso diário em seu local de trabalho.

Não há uma maneira correta de promover uma visão compartilhada. Uma maneira é apresentar ao pessoal resolução de questões sobre o assunto abordado. Poderia ser uma pergunta assim: "O que a inclusão realmente significa?" ou "Que tipo de educação e apoio a escola gostaria de fornecer a cada aluno?". Outra maneira seria apresentar cinco a dez declarações de visão, próximas ou distantes da inclusão, e fazer com que os grupos as colocassem em diferentes graus de prioridade. Através disso, os professores procurariam uma compreensão compartilhada e expressariam seus pontos de vista. Gradualmente, eles precisariam chegar a um acordo ou, pelo menos, achar uma solução conciliatória. Após a construção de uma visão, os professores precisariam lidar com estruturas e modos de implementação. Essas tarefas podem ser igualmente exigentes, mas são focalizadas em aspectos mais restritos. As mesmas estratégias poderiam ser usadas. Exemplos de perguntas nesse nível poderiam ser: "Como cada aluno pode pertencer a um grupo em todos os momentos durante o tempo de refreamento?" ou "Quais são as barreiras para ajustar a aprendizagem às necessidades individuais dos alunos na sala de aula?" ou "Como cada professor pode garantir que cada aluno possa expressar seus pontos de vista e seus sentimentos?", "Se concordarmos que a maioria das tarefas de aprendizagem serão baseadas em investigação, que tipo de papel os livros-texto terão nesse processo?". Em todos os casos, os grupos conversam para resolver seus problemas. Suas atas registrariam decisões, descrições de estruturas e processos que eles criassem.

Ao unir forças e compartilhar pontos de vista, o pessoal cria uma comunidade de aprendizagem para si mesmos dentro da escola. Uma escola inclusiva baseia-se em pontos de vista compartilhados e na concordância do pessoal. Isso aplica-se a comunidades do aluno nas salas de aula também.

O processo de mudança tem sido comparado, com freqüência, a uma viagem. A viagem até a inclusão é um processo sem fim. Os alunos crescem e suas necessidades mudam. Isso aplica-se também a novos alunos que ingressam na escola. Com relação a isso, há uma demanda incessante de desenvolvimento, ajustamento e reflexão sobre experiências passadas a fim de fornecer a melhor formação escolar possível. Esse deve ser o objetivo primordial.

Acontece que algumas turmas dentro de uma escola trabalham direcionadas a objetivos inclusivos apesar de a escola como um todo não adotar a política. Parece bastante óbvio em tais casos que um determinado projeto termina ou quando certos alunos saem da escola, ou quando novos professores assumem as turmas. A outra opção é que a escola como um todo assuma o projeto que começou dentro de turmas individuais.

Colaboração do pessoal

Os professores freqüentemente lecionam para os mesmos alunos, mas não trabalham de forma colaborativa. Um exemplo disso seria o caso de quando uma turma têm uma aula e outro professor "escolhe" certos alunos da sala de aula para algumas aulas durante a semana. Geralmente, isso aplica-se a circunstâncias em que os alunos individualmente têm programas de trabalho diferentes do resto da turma, ou seja, em leitura ou matemática. Ambos os professores conduziriam seu ensino sem compartilhar uma reflexão ou um apoio regular uns com os outros de forma diária. Os professores encontraram muita colaboração ao implementar a inclusão. A forma mais comum de colaboração é entre os professores que lecionam para os mesmos alunos. Essas equipes abordam a elaboração de políticas, o planejamento, a resolução de problemas, a tomada de decisões, etc.

É altamente recomendado que dois professores sejam indicados para turmas quando as necessidades dos alunos são muito diversificadas. A especialização dos professores pode variar, mas eles precisariam compartilhar responsabilidade balanceada e comprometimento com todos os alunos. O oposto dessa atitude seria indicar um como professor de turma e o outro para um aluno em especial.

Os professores em equipe devem definir sua maneira de colaborar. Porém, sugere-se que eles conversem sobre como gostariam de colaborar, por quê e quais são suas expectativas quanto à colaboração. Suas reuniões podem precisar ter um programa de trabalho diversificado. Reuniões regulares para reflexão e planejamento diário são benéficas e precisam ser freqüentes, não menos do que semanais, preferencialmente com maior freqüência. Outros tipos de reuniões precisariam abordar questões mais amplas para a elaboração de políticas, a resolução de problemas e a procura de apoio.

Outros tipos de grupos colaborativos dentro das escolas têm muita importância. Os professores de turma podem precisar do apoio regular de outros colegas. Isso é particularmente verdadeiro quando eles precisam que seus pontos de vista sejam refletidos por aqueles que não estão tão próximos da turma. Eles também podem desejar procurar o aconselhamento e a especialização de colegas ou da gerência. Além disso, a questão dos grupos de estudo de professores provou ser recompensadora. Vários professores formam grupos, os quais funcionam durante um determinado tempo com um programa de trabalho identificado. Tais grupos, como todas as outras formas de trabalho colaborativo dentro da escola, precisam abordar como funcionam, qual seu propósito, estrutura e freqüência.

Colaboração com agentes externos

Existem principalmente dois agentes ou parceiros externos à escola com os quais a esta mais colabora em questões profissionais. Um são as famílias dos alunos e o outro são vários especialistas. A colaboração entre as escolas e os pais é conduzida de várias formas. As escolas inclusivas mudam da tradição de informar os pais sobre decisões tomadas pelas escolas com relação a seus filhos. Em vez disso, elas vêem os pais como parceiros igualitários. Dessa forma, os pais são vistos como aqueles que conhecem melhor as crianças e preocupam-se com elas fora do período escolar, e o pessoal das escolas é visto como os especialistas em aprendizagem. Conseqüentemente, a prática inclusiva constrói uma equipe de profissionais e pais a fim de formar políticas, tomar decisões e planejar para a criança, etc. Mais provavelmente, é a escola que toma a iniciativa em relação a formar uma relação colaborativa com as famílias. Porém, o etos precisa refletir respeito recíproco pela especialização uns dos outros.

Com freqüência, os professores acham que as necessidades de alguns alunos encontram-se fora de sua especialização. Para eles, busca-se ajuda de vários especialistas. Alguns deles podem já estar vinculados a um grupo de crianças ou a um indivíduo antes da educação escolar.

A abordagem inclusiva esperaria que esses especialistas mudassem do tipo clínico de trabalho com um aluno ou deixassem de ver criança como um caso. Em vez disso, eles seriam encorajados e levados a conhecer a escola ou uma turma como uma comunidade e a levar em conta o aspecto social quando formam uma política de seu trabalho para e com uma criança ou com um grupo de crianças. Percebeu-se que o que geralmente funciona bem para uma pessoa, em muitos casos funciona muito bem para muitas. Outro aspecto importante é que os especialistas externos procurem qualificar o pessoal das escolas dando-lhes acesso a sua própria especialização. Dessa forma, os professores podem gradualmente ser cada vez mais capazes de trabalhar com necessidades diversificadas.

A visão e o estilo de trabalho funciona de ambas as maneiras. Os profissionais não desejam trabalhar na base de políticas inclusivas ou o pessoal das escolas demonstra alguma resistência para admiti-las. Nesses casos, a questão pode tornar-se bastante complicado se a "inclusão" estiver realmente condicionada e limitada às paredes e às pessoas dentro da escola. Dessa forma, pode-se concluir que um pouco mais de trabalho precisa ser feito pela escola quanto à construção de visão ou que os especialistas talvez devem refletir sobre para onde estão se encaminhando com sua especialização.

Colaboração dos alunos

Aqui, a inclusão refere-se a pertencer a uma sociedade e ser valorizado como seu membro. Para promover tal situação no nível de sala de aula, a estrutura das aulas e o programa de trabalho social precisa abordar a comunicação e enfatizar as habilidades colaborativas entre os alunos. Os professores encontram várias maneiras de trabalhar com essa finalidade. Eles também descobrem que, no início, precisam de uma mão condutora forte enquanto os alunos estão adquirindo as habilidades e a atitude necessárias.

O primeiro princípio de uma classe inclusiva é garantir que cada aluno participe da turma em relação à aprendizagem e aos aspectos sociais. Isso significa que as crianças aprendem dentro da sala de aula principal, mas não são mandadas para outras áreas da escola para receberem atenção especial. Elas aprendem de acordo com suas próprias necessidades, freqüentemente em colaboração com outros alunos. Há várias maneiras de os professores poderem encorajar o desenvolvimento social na sala de aula. Uma delas é planejar um currículo social em que eles estabeleçam objetivos sociais e planejem maneiras de sua realização. Dessa forma, os professores seriam proativos em vez de reativos ao criarem uma cultura social forte. Com tais objetivos, eles planejariam a interdependência, as interações face a face, o reconhecimento para a contribuição de cada membro da turma, a promoção de encorajamento e interesse mútuos no processo de aprendizagem entre os pares.

Apesar de terem boas intenções, os professores encontraram vários obstáculos dentro da cultura tradicional de salas de aula, o que pode transformar-se em barreiras à prática inclusiva. Isso pode relacionar-se ao isolamento de alguns alunos, agrupamentos de alunos de acordo com a idade, horário ou material de aprendizagem que requerem que cada aluno esteja no mesmo lugar nos livros-texto, etc. Portanto, geralmente, as barreiras podem estar ligadas à estrutura da prática em sala de aula. A abordagem recomendada é remover ou diminuir as barreiras.

Uma mudança na estrutura poderia envolver cada aluno pertencente a um grupo de três em todos os momentos. Isso, que poderia ser visto como uma característica constante da cultura da turma, provou ser extremamente útil. A função dos grupos é tal que a academicidade é presumida, eles se sentam juntos, mas durante algumas atividades os membros podem trabalhar individualmente em vez de trabalharem de forma cooperativa. O treinamento de pares é uma forma de melhorar a vinculação e a compreensão; "círculo de amigos" também provou ser recompensador em apoiar relacionamentos sociais. Esses círculos são formados por alunos dentro de uma turma. Eles se tornam ajudantes pares e podem ser divididos em subgrupos ou trabalhar como um grupo. Círculos de amigos trabalham por programa de trabalho, o que apóia a inclusão para todos, mas particularmente para um aluno específico. Em alguns casos, esses círculos formam-se naturalmente, mas, em outros casos, eles precisam ser organizados por adultos, geralmente os professores e os pais juntos.

A aprendizagem cooperativa, que provou ser extremamente útil, refere-se a como os alunos interagem uns com os outros em situações de aprendizagem. A abordagem envolve cinco princípios básicos: interdependência positiva, interação face a face, responsabilidade individual, habilidades interpessoais e em pequenos grupos e processamento em grupos. A aprendizagem cooperativa demonstrou melhorar a aprendizagem dos alunos e promover relacionamentos.

Mesmo a colaboração sendo positiva na promoção de mudanças e no apoio ao pessoal assim como aos alunos em tarefas difíceis, não se pode afirmar que as crianças ou os adultos necessariamente colaborem bem de modo automático. Em alguns casos, as pessoas formam uma colaboração bem-sucedida sozinhas mas, em outros casos, precisarão de apoio e de orientação para desenvolver uma cooperação produtiva. Esse é um aspecto de que os líderes de líderes escolares precisam estar conscientes ao organizar o trabalho escolar.

Coordenação

A colaboração e o *networking* são, como enfatizado anteriormente, partes importantes na promoção de escolas inclusivas. As estruturas e os processos precisam ser planejados assim como cultivados. As escolas e as disciplinas freqüentemente tendem a ser fragmentadas e, portanto, não funcionam necessariamente em harmonia. Quando agentes externos como os pais e os especialistas trabalham junto com o pessoal, a necessidade de coordenação torna-se aparente.

Percebe-se que a coordenação do planejamento, de ações e de avaliação é uma das condições importantes das escolas inclusivas. O planejamento, as ações e as avaliações precisam ser coordenadas. Os papéis também precisam ser esclarecidos, quem e até que ponto várias pessoas assumem responsabilidades por várias tarefas e de quem se espera iniciativa. A coordenação é vista no nível escolar assim como no nível da sala de aula. Pode ser na forma de intervenção, de interação, de prevenção e de intenção.

A coordenação demanda certas habilidades, atitude e conhecimento. Portanto, pode-se presumir que os coordenadores precisarão preparar-se para o trabalho. Geralmente, existe uma pessoa que assume o papel do coordenador dentro de um projeto. Como pode haver várias pessoas coordenando vários projetos, existe a necessidade de uma pessoa para supervisionar o quadro todo. Dentro de cada projeto, o coordenador não é aquele que assume vários papéis e responsabilidades, mas sim quem encoraja os outros e supervisiona para que os processos funcionem conforme o planejado. Pelas razões supracitadas, recomenda-se que as escolas planejem a coordenação dentro de todos os projetos colaborativos relacionados à educação escolar inclusiva.

O propósito das seguintes atividades é auxiliar o pessoal, os pais, os especialistas e os alunos em treinamento para professores a trabalhar com a questão da colaboração e da coordenação em vários níveis. Cada atividade levará a resultados em termos de ações, elaboração de políticas, planos de ação e outros tipos de conclusões. Os grupos podem trabalhar em todas as atividades em qualquer ordem que lhes convier.

Um programa de trabalho para o ensino em equipe

A primeira atividade aborda os benefícios do ensino em equipe, especialmente quando os parceiros desenvolvem de forma conjunta uma conscientização sobre como podem beneficiar-se da cooperação. Eles refletem sobre o conteúdo de sua colaboração, expressam e discutem os valores da vida diária na sala de aula. Além disso, discutem e decidem sobre o código de comunicação dentro de sua colaboração. (60 minutos)

Colaboração dos alunos

A segunda atividade é dividida em três partes. Ela auxilia os professores a analisar o propósito da colaboração entre alunos. Juntos, eles decidem sobre critérios para resultados positivos para a cooperação do aluno. Além disso, a atividade convida os professores a formar um treinamento de pares por meio de visitas mútuas em sala de aula para ajudar uns aos outros a estudar quão bem as metas para cooperação foram atingidas. Os resultados são comparados com seus pontos de vista iniciais. (40 + 30 + 40 minutos)

Colaboração com um consultor

Os participantes dessa atividade seriam um consultor e os consultantes. Os pais, os professores ou os especialistas poderiam estar no papel do consultor. Os professores e os pais poderiam estar no papel dos consultantes, dependendo do conteúdo da nova aprendizagem. A atividade é vista como um passo necessário na comunicação durante a primeira sessão. Ela encoraja os parceiros a esclarecer o propósito da consultoria, a antecipação, os critérios para resultados e as formas de comunicação. (90 minutos)

Coordenação das pessoas que trabalham com os alunos

A quarta atividade concentra-se no registro de todas as pessoas trabalhando com e para um determinado aluno. Além disso, ela lista suas profissões e papéis na vida do aluno. Elas trabalham em um projeto e, de forma conjunta, sugerem como cada um deles pode apoiar seu objetivo. Finalmente, redigem um plano de ação que descreve o que deve ser feito, como, quando, por quem, onde, etc. (90 minutos)

Supervisionando tarefas

Essa atividade também refere-se a coordenação. Ela é ajustada ao pessoal de escolas e a como eles distribuem as tarefas a serem feitas com relação a um projeto específico, à ocasião ou a um determinado aluno. (60 minutos)

Quão bem nós trabalhamos juntos?

Essa atividade convida um grupo a refletir sobre qual foi seu grau de sucesso em um projeto ou em uma tarefa. Essa reflexão pode acontecer no final de um projeto. Porém, o uso da avaliação seria de mais valor se ela fosse feita ocasionalmente durante o processo. Os participantes são encorajados a analisar por que as coisas vão bem e por que elas obtêm menos sucesso do que o antecipado. (60 minutos)

Um programa de trabalho para o ensino em equipe

O ensino em equipe é muito recompensador para os alunos e para os professores se eles reconhecem que cada equipe precisa esforçar-se para desenvolver a colaboração. O propósito dessa atividade é formar uma compreensão sobre o que uma colaboração próxima pode envolver. Equipes de professores que trabalham juntos, ou o pessoal como um todo, poderiam realizar essa atividade.

Primeiro passo

> Discutir e listar a seguir qual será o conteúdo da colaboração.

Segundo passo

> Discutir valores que você acha importantes para a vida diária dentro da sala de aula e uma estrutura para a colaboração dentro da equipe de ensino. Anotar seus pontos de vista para posterior reflexão.
>
> a) Valores para a vida diária dentro da sala de aula.
> b) Uma estrutura para a colaboração da equipe de ensino.

Terceiro passo

É importante formar estratégias prévias para resolver questões "difíceis e/ou sensíveis" dentro da equipe. Conversar sobre como vocês irão abordar tais questões. Isso poderia relacionar-se ao comportamento de cada um, a quão bem as coisas estão, à pontualidade, ao comprometimento, ao domínio em sala de aula, etc. Anotar suas estratégias propostas.

Colaboração dos alunos   40 + 30 + 40 minutos

A colaboração entre os alunos pode ser em vários níveis e para diferentes propósitos. Essa atividade aborda os objetivos que os professores gostariam de ver realizados nas salas de aula. Essa atividade consta de três partes. Você poderá trabalhar em algumas ou em todas elas, dependendo de suas necessidades.

Primeira parte, primeiro passo

Discutir e descrever objetivos detalhados para a colaboração dos alunos que você, como professor, gostaria de ver entre os alunos em sala de aula.
1.
2.
3.
4.
5.
6.
7.
8.

Segundo passo

Como você pode saber se os alunos atingem esses objetivos? Descrever que tipo de comportamento representa seus objetivos.
1.
2.
3.
4.
5.
6.
7.
8.

Segunda parte, terceiro passo

Convidar um colega para visitar sua sala de aula. Pedir a ele/ela para realizar uma observação da sala de aula para você em relação a alguns dos objetivos de colaboração que você listou acima. Discutir que tipo de comportamento ela estará procurando e como ela fará suas anotações durante a observação. Decidir a tempo para uma reunião logo após a observação, preferencialmente no mesmo dia.

Objetivos:

Comportamento a ser buscado:

Formas de registrar:

Terceira parte, quarto passo

Agora você tem algumas informações sobre a situação da colaboração dos alunos dentro da turma a partir dos quais trabalhar. Com um colega, considere-as em relação aos objetivos originais que você estabeleceu no primeiro passo e o comportamento no segundo passo. Refletir sobre o resultado da observação em relação a esses padrões. Juntos, pensar em maneiras de reforçar o comportamento desejado dos alunos. Descrever abaixo seus pensamentos sobre as estratégias a respeito como o comportamento dos alunos pode ser apoiado e monitorado e de seus valores para um comportamento colaborativo cultivado.

Colaboração com um consultor

Quando os professores ou os pais aprendem novas formas de trabalhar, eles podem, com freqüência, beneficiar-se de consultoria, especialmente no início. O objetivo do consultante e do consultor é transferir certos métodos a circunstâncias específicas de um ou mais alunos. Para tirar o maior proveito possível da consultoria e estabelecer confiança mútua, é importante que a primeira reunião aborde a interação, a antecipação, os critérios para atingir os resultados, os métodos de trabalho e qualquer outra coisa que se considerem importante. Observe que o consultor pode ser um professor, um especialista ou um parceiro e vice-versa – o consultante pode ser um professor ou um pai.

Primeiro passo

O consultor e um professor ou um grupo de professores chega a um acordo sobre os objetivos e o propósito da consultoria. Começar com uma técnica de *brainstorming*. Listar 8 a 10 aspectos. Nessa etapa, não classificar os aspectos.				
Propósitos e objetivos:	Atitude	Conhecimento	Habilidades	Prioridade
1.				
2.				
3.				
4.				
5.				
6.				
7.				
8.				
9.				
10.				

Segundo passo

A. Ler a lista do primeiro passo e classificar os objetivos relacionados a se atitude, conhecimento ou habilidades serão melhorados. Em alguns casos, você poderá desejar marcar mais de uma opção.

B. Cada um escolhe quatro aspectos que achar mais importante e dá a eles números de prioridade de 1 a 4. Os participantes chegam a um acordo para enfatizar aspectos que mais de uma pessoa priorizou. Além disso, cada um pode indicar mais um aspecto em que se concentrar.

Terceiro passo

De forma conjunta, os participantes discutem e formam uma estrutura de como eles conversam e comunicam-se nas reuniões.
A. O consultor expressa suas idéias de uma discussão sobre o desenvolvimento escolar. Ele menciona elementos como progresso, realizações, avaliação, planejamento, satisfação e como ele inicia a introdução de novos aspectos.
B. O consultante expressa suas idéias sobre o processo de consulta, que tipo de apoio ele espera do consultor, como ele pode declarar sua necessidade de apoio.
C. O consultor e o consultante discutem quando as reuniões terão início, quem tomará a iniciativa nas discussões e qual a melhor maneira de abordar questões delicadas.
D. Discutir como lidar com uma situação em que o consultor e o consultante discordam durante o processo, onde um está insatisfeito, onde o consultante deseja abordagens diferentes, onde o consultante espera mais do consultor, etc.

Quarto passo

Nesse passo, os participantes discutem esperanças de resultados, progresso e critérios para resultados.
A. Registrar os pontos de vista do consultante.
B. Registrar os pontos de vista do consultor.

Quinto passo

Decidir sobre uma data para a primeira reunião de consulta real.

Coordenação das pessoas que trabalham com os alunos   90 minutos

Primeiro passo

A. Anotar os nomes e as profissões de todas as pessoas dentro e fora da escola, as que lecionam, treinam e cuidam de um determinado aluno na escola.
B. Anotar as funções de cada uma delas em relação ao aluno.

Nome:	Profissão:	Função:

Segundo passo

Discutir como as ações dessas pessoas podem ser coordenadas. Ter em mente as várias questões referentes a propósito, métodos de trabalho, forma e conteúdo de interações, registros, etc. – – – – –

Terceiro passo

Escolher um projeto ou tarefa que precise ser implementado para um determinado aluno. Certificar-se de que cada um dos grupos mencionados no primeiro passo planeje ações que sejam harmônicas com o objetivo principal do projeto. O grupo redige um plano de ação para a tarefa – ver a seguir.

Exemplo: Projeto: Melhorar a iniciativa dos alunos de recorrer a seus pares

O quê?	Como? Circunstâncias?	Pessoa responsável?	Participantes	Onde?	Quando?	Quando concluído
Fazer perguntas, comentar respostas	Cartões coloridos (aprendizagem cooperativa)	Professor de turma	X + um aluno	Sala de aula	Diariamente, 10 minutos	
Oferecer pipocas, cachorros-quentes	Assistir TV	Pais	X + dois pares	lar	Uma vez por semana	
Nomear o próximo na lista	Revezar-se nomeando o próximo na lista a fazer...	Professor de Educação física	X + colegas de turma	Ginásio de esportes	Duas vezes por semana	

Supervisão de tarefas   60 minutos

Essa atividade tem por objetivo proporcionar a grupos do pessoal uma visão geral do que precisa ser feito, da distribuição das tarefas e da coordenação de implementação.

Primeiro passo

Fazer uma lista das atividades e das ações que precisam ser realizadas em relação a um aluno individual. Elas podem relacionar-se a:
- Reuniões que precisam ser realizadas.
- Equipamento que a escola precisa adquirir.
- Desenvolvimento do pessoal.
- Fornecimento de material de estudo.
- Reestruturação dos alojamentos.
- Elaboração de políticas relacionadas a....

Segundo passo

Estudar juntos o exemplo de um plano de ação a seguir. Então, selecionar tantos aspectos do primeiro passo quanto achar necessário e anotar seu próprio plano para implementação. Usar o formulário da página a seguir.

O quê?	Como?	Pessoa responsável?	Participantes	Onde?	Quando?	Quando concluído
Equipamento:						
Uma cadeira de rodas	Solicitação	Diretor	Diretor	Centro TR	31 de agosto	
Uma lente de aumento	Compras	Diretor	Professor de turma	Loja AB		
Mesas de *Bliss*	Via correio	Diretor	Professor de alunos com necessidades especiais	Centro TR	18 de agosto	
Dois computadores	Por telefone	Diretor	Professor itinerante	Centro LEA	1º de outubro	
Desenvolvimento do pessoal:						
Curso de *Bliss*	solicitar pelo "le"	Professor do departamento	todos os professores	?		
Aprendizagem cooperativa	pedido	Professor do departamento	todos os professores	a escola		
consultoria sobre aprendizagem cooperativa	pedido	professor do departamento	todos os professores	a escola		

Um plano de ação da coordenação

O quê?	Como/ Circunstâncias?	Pessoa responsável	Participantes	Onde?	Quando?	Quando concluído?

Com que grau de sucesso nós trabalhamos juntos? 60 minutos
Primeiro passo

Escolher um projeto colaborativo/tarefa a avaliar.
Nome do projeto: _____

A. Avaliar com que grau de sucesso você cooperou. Cada um dos participantes avalia os seguintes dez aspectos. 1 significa pouco/ruim, 4 significa melhor/mais.
B. O grupo registra os resultados de todos num formulário. O grupo discute os resultados e interpreta-os. Concorda com -, 0, + para cada aspecto e registra na coluna da qualidade.

		- +				Qualidade
		1	2	3	4	
1.	A colaboração do grupo foi bem-sucedida.					
2.	O grupo estava de acordo.					
3.	Coordenamos ações e atividades.					
4.	Refletimos e analisamos situações e necessidades.					
5.	Colaboramos bem na elaboração de políticas.					
6.	Colaboramos com planos.					
7.	A responsabilidade foi distribuída entre os parceiros.					
8.	A função de cada um estava clara para todos no grupo.					
9.	Todos os membros realmente tiveram uma visão geral do projeto.					
10.	Todos os membros estão cientes de quem é o coordenador e lidera a colaboração.					

Segundo passo

A. Escolher um aspecto que você classificou como bom e discutir por que você realmente foi tão bem-sucedido. Dar pelo menos três razões: 1. 2. 3.
B. Agora, escolher um aspecto que você classificou com menos ou zero. Discutir o porquê do resultado não ter sido o desejado. Dar duas ou três razões pelo menos: 1. 2. 3.
C. Com relação a esse aspecto especial, indique três maneiras que podem melhorar seu trabalho. 1. 2. 3.

LEITURA RECOMENDADA

Buck, Margaret. 1989. Developing a Network of Support. In Ainscow, Mel and Anton Florek (eds). *Special Educational Needs: Towards a Whole School Approach*. London, David Fulton Publishers and The National Council for Special Education.
Holly, Peter and Geoff Southworth. 1989. *The Developing school*. London, The Falmer Press.
Slavin, R. E. 1990. *Co-operative learning - Theory, Research and Practice*. Massachusetts: Allyn and Bacon.
Perske, Robert. 1988. *Circle of Friends*. Nashville:Abington Press.
Sherwood, S. K. 1990. A circle of friends in a 1st grade classroom. *Educational Leadership*, 48(3), 41.
Pearpoint, J., M. Forest, & J. O'Brien. 1990. MAPs, Circles of Friends, and PATH. In S. Stainback & W. Stainback (Eds.), *Inclusion: A guide for educators*. Baltimore: Paul H. Brookes.
Newton, G. Taylor og Wilson D. Circles of friends. http://www.innotts.co.uk/~colinn/circle9.htm 27th May 2001

15
Interação social dos alunos

OBJETIVOS DO CAPÍTULO

Após a leitura deste capítulo e o trabalho com as atividades, o leitor estará familiarizado com os seguintes aspectos da interação social:
- a importância da interação social dentro da cultura inclusiva das escolas;
- os muitos aspectos das habilidades sociais e cooperativas;
- maneiras de encorajar a interação social em relação à comunicação, à cooperação, à celebração e a brincadeiras;
- pontos de vista que envolvem professores no apoio à interação social fora da escola, em colaboração com os pais e outros agentes externos à escola;
- várias maneiras de planejar, de refletir sobre e de avaliar a aprendizagem social.

RESULTADOS DO ESTUDO

Resultados significativos do estudo ETAI salientam que a essência da educação inclusiva é integrar todos os alunos na vida social dentro e fora da escola. Dentro do contexto da vida escolar diária isso vai além de dar a todos os alunos acesso igual à comunidade da turma e da escola. A escola compreende que a maior parte do aprendizado é atingida através de alguma forma de comunicação e age de acordo. A política das escolas é cultivar o domínio social, assim como o aspecto cognitivo da educação escolar. Portanto, o pessoal de escolas inclusivas trabalha com comunicação e interação social dentro da sala de aula e empenha-se também para apoiar a interação social

fora da escola. Pode-se concluir o seguinte a partir da pesquisa ETAI sobre interações sociais dentro da escola:
- A política e a organização da escola inclusiva e, portanto, orientada socialmente, precisam ser desenvolvidas pelo pessoal de ensino e pelos pais para construir uma cultura em que os alunos, os pais e os professores vivam os princípios da inclusão.
- O desenvolvimento da escola inclusiva não deve ser apenas informal, mas sim um processo planejado e refletido. Dessa forma, um currículo formal para o desenvolvimento social dos alunos precisa ser abordado.
- A colaboração é central para a educação inclusiva e a educação dos pares é crucial para aos alunos e os professores igualmente. Os métodos de ensino inclusivos, como a aprendizagem cooperativa, precisam ser desenvolvidos.
- A interação social entre as crianças não deve terminar na porta da escola. Para fortalecer os vínculos entre elas, os professores, os pais, as autoridades e outros agentes de fora, a escola pode organizar situações para interação social fora da escola.
- Os professores precisam ser apoiados para adquirir habilidades e compreender como melhorar as formas de comunicação e as relações sociais.
- O papel dos pais no desenvolvimento de relações sociais precisa ser destacado.

IMPLEMENTAÇÃO

As escolas inclusivas deveriam ser lugares onde a cultura escolar estivesse baseada no respeito a todos os membros da escola, onde todos pudessem viver e aprender juntos sem medo e com muita autoconfiança e onde todos fossem responsáveis uns pelos outros e pela escola. As escolas podem encorajar a interação social por meio de métodos de ensino e de sistemas de ensino, mas também formando uma estrutura dentro da qual os alunos pratiquem a comunicação. O programa de trabalho dos professores é criar situações de vida e de aprendizagem em que a comunicação e a cooperação possam acontecer e em que os alunos tenham a oportunidade de desenvolver habilidades sociais. Essas habilidades deveriam ser construídas passo a passo. A qualidade da interação social na sala de aula depende do estilo de liderança do professor. Neste capítulo, os seguintes aspectos da interação social serão abordados:
- o início da comunicação;
- a aprendizagem a partir da cooperação;
- a celebração e as brincadeiras;
- a interação social fora dos horários de aula.

O início da comunicação

A comunicação[1] pode ser definida como um troca de pensamentos e sentimentos. É o primeiro passo da colaboração. Reconhece-se que cada criança tem uma maneira específica e individual de se comunicar. Essas maneiras podem ser verbais ou por linguagem corporal não-verbal. Outras formas podem ser a linguagem de sinais e a linguagem Bliss. As habilidades comunicativas são consideradas importantes e acha-se que a qualidade da interação social depende da qualidade da comunicação. Habilidades positivas de comunicação variam conforme os alunos, e o contexto social pode tanto apoiar como prejudicar o desenvolvimento de tais habilidades.

Os professores podem iniciar e organizar atividades e situações comunicativas entre os alunos. Isso aplica-se a situações de aprendizagem e a outros cenários sociais formais assim como a situações mais informais dentro da escola. As habilidades comunicativas envolvem o desejo de compartilhar e a vontade de entender os outros. Um passo importante é os alunos chegarem a um acordo sobre as regras para a comunicação. As oportunidades são dadas para compartilhar ao conversar com um colega, com um grupo ou com uma turma ou a escola inteira. O assunto sobre o qual os alunos conversam pode referir-se a eles mesmos, a planos para o dia ou para a semana, a problemas na turma, a planos e apresentações de trabalho de projeto e à reflexão no final do dia. O trabalho em pares ou o trabalho cooperativo em grupos são oportunidades adicionais para a comunicação, quando os alunos podem expressar suas opiniões, resolver problemas, comparar e discutir.

Próximo à comunicação está a questão da confiança. É uma condição necessária para uma comunicação positiva. Se a confiança existe, os alunos têm mais vontade e são mais capazes de expressar o que sentem, quais são suas opiniões e compartilhar suas idéias com os outros. Uma comunidade de turmas confiantes possibilita o desaparecimento do medo e dá lugar a uma auto-imagem e uma autonomia positivas.

Aprendendo através da cooperação

As escolas inclusivas consideram a aprendizagem como um processo social em que a interação social tem um papel central para facilitar a aprendizagem. O programa de trabalho da escola inclusiva é fornecer condições para os alunos adquirirem as habilidades necessárias à colaboração bem-sucedida

---

[1] A abordagem de Peter Peterson, Jenaplan, define quatro situações de vida e de aprendizagem: comunicação, trabalho cooperativo, celebração e brincadeiras e que são a base da educação inclusiva. Ver neste capítulo Leitura recomendada.

e a seu maior desenvolvimento. Por meio da cooperação, os alunos gradualmente desenvolvem várias habilidades, como por exemplo:
- perceber os outros e aceitá-los;
- ser capaz de se comunicar e chegar a um consenso;
- ser ativo e sem medo;
- ter confiança e demonstrar confiança e abertura;
- saber como lidar com poder, controle, competição e rivalidade;
- saber como começar a se relacionar com os outros e como dar *feedback*;
- conhecer a si mesmos e sua função em um grupo;
- assumir responsabilidade uns pelos outros.

A classe inclusiva é freqüentemente organizada em grupos cooperativos de dois a seis alunos. Esses grupos, em geral, são heterogêneos e podem ser estáveis ou mudar, dependendo dos objetivos que os professores desejam alcançar.

Várias vantagens são percebidas no trabalho cooperativo. Ele ajuda as crianças a, juntas, se relacionarem bem em um contexto em que os pares ajudam um ao outro e percebem seus próprios pontos fortes e fracos assim como os dos outros. Isso torna a compreensão do aluno mais clara para si mesmo por de que explicar algo aos outros, e eles obtêm oportunidades para ensinar assim como para aprender.

Há uma diferença entre trabalho em grupo e trabalho cooperativo. Às vezes, os alunos estão trabalhando em um grupo, mas não como um grupo. Quando os alunos estão trabalhando individualmente em grupos, a conversa relacionada a tarefas é pouca, as interações tendem a ser curtas e a oportunidade de cooperar é limitada. A principal fraqueza nesses arranjos de agrupamentos é que não há uma demanda específica para os alunos trabalharem juntos e, raramente, um grupo recebe a oportunidade de trabalhar em uma tarefa grupal. Assim, o cenário é socializado, mas o trabalho é individualizado.

Aprendizagem cooperativa

A aprendizagem cooperativa é uma abordagem ao trabalho cooperativo que mostrou ser efetiva para o desenvolvimento cognitivo assim como para o social. Ela tem cinco condições básicas:
- interdependência positiva;
- interação face a face;
- responsabilidade final individual;
- habilidades interpessoais e em pequenos grupos;
- reflexão em grupo sobre processamento grupal.

Os alunos, assim como os professores, precisam de tempo e de apoio para tornarem-se habilitados a usar essas habilidades. Assim como com qualquer aprendizagem, objetivos claros, prática e apoio freqüentes promovem resultados positivos. A solidariedade parece ser o valor mais importante transmitido dos professores aos alunos. Se os professores querem que os alunos colaborem, é preciso que estes sejam liderados pelo exemplo. Isso requer um alto nível de competências comunicacionais com os professores para encontrar soluções para os problemas diários nas salas de aula.

O projeto para a aprendizagem cooperativa provou ser um grande desafio para os professores. Existem duas facetas principais no processo de planejamento: a demanda cognitiva da aprendizagem pretendida e a demanda social. O professor de classe inclusiva acharia que ambos os aspectos são importantes e planejaria melhorar ambos os campos com cada situação de aprendizagem. A demanda cognitiva descreve o conteúdo da tarefa, mas a demanda social descreve o tipo e a quantidade de cooperação. Em ambos os casos, o *status* atual da situação cognitiva e social é a linha básica.

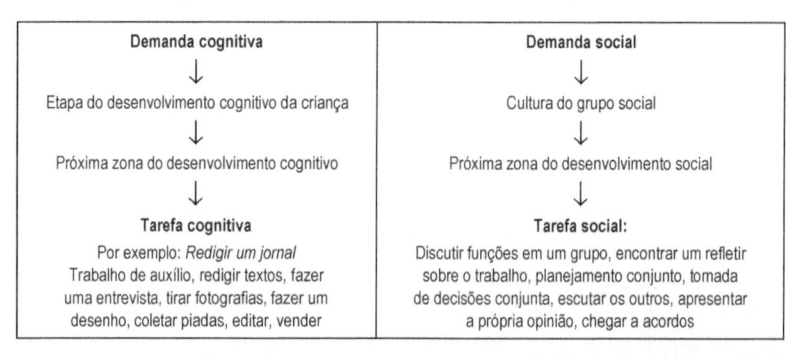

Demanda cognitiva	Demanda social
↓	↓
Etapa do desenvolvimento cognitivo da criança	Cultura do grupo social
↓	↓
Próxima zona do desenvolvimento cognitivo	Próxima zona do desenvolvimento social
↓	↓
Tarefa cognitiva	Tarefa social:
Por exemplo: *Redigir um jornal* Trabalho de auxílio, redigir textos, fazer uma entrevista, tirar fotografias, fazer um desenho, coletar piadas, editar, vender	Discutir funções em um grupo, encontrar um refletir sobre o trabalho, planejamento conjunto, tomada de decisões conjunta, escutar os outros, apresentar a própria opinião, chegar a acordos

Os professores precisam conhecer o estado de desenvolvimento dos alunos para encontrar as tarefas apropriadas. Isso significa que eles precisam observar os alunos para saberem para o que eles estão prontos. Recomenda-se que os professores envolvam os alunos no estabelecimento de objetivos para habilidades sociais assim como para tarefas cognitivas. A consciência dos alunos de seu próprio desenvolvimento e do desenvolvimento social provavelmente adicionará propósito e aumentará sua metacognição.

A estrutura da aprendizagem cooperativa pode tomar qualquer forma, desde que preencha as condições necessárias. Os professores fazem suas próprias versões ou usam tipos já conhecidos. Um é chamado de quebra-cabeça. A interdependência positiva é tornada parte permanente do método, assim como a responsabilidade final individual. A tarefa é dividida em tantas partes quanto o número de membros do grupo. Cada aluno trabalha em uma parte da tarefa, que é dividida de tal maneira que o resultado do grupo não possa ser alcançado até que cada membro tenha concluído com sucesso sua parte do trabalho. Nesse ponto, o quebra-cabeça pode ser encaixado.

Em outros tipos de trabalho cooperativo, as tarefas não são tão formalmente divididas entre os alunos, mas suas atividades precisam ser coordenadas de alguma maneira. Isso é apropriado quando os alunos trabalham juntos para produzir um resultado ou produto. Os professores podem escolher alocar papéis para cada criança, como presidente, secretário, supervisor, repórter, pintor e mensageiro ou, com crianças mais experientes, permitir papéis que surjam naturalmente no grupo. Exemplos de tarefas desse tipo de trabalho em grupo incluem resolução de problemas, atividades de construção e tarefas de discussão.

As tarefas dentro de um grupo podem ser de várias demandas a fim de atender à variedade de necessidades dos alunos. Dessa forma, o trabalho cooperativo dá lugar a uma variedade de tarefas, talentos e preferências. Conforme mencionado no capítulo da prática em sala de aula, a aprendizagem baseada na investigação, na adaptação curricular e na sobreposição são maneiras de enfrentar as diferentes necessidades dos alunos. Isso aplica-se também a cenários de aprendizagem cooperativos.

Celebração e brincadeiras

A celebração e as brincadeiras são uma forma especial de interação social. A celebração baseia-se na tradição familiar e na cultura nacional. Ela utiliza domínios emocionais, sociais e cognitivos. Por meio da celebração, os alunos reúnem-se para desfrutar de uma ocasião juntos. As ocasiões para celebração na escola podem ser muitas e não precisam estar restritas a aniversários e a dias especiais. Em vez disso, elas devem estar vinculadas a um trabalho bem feito, à apresentação no final dos projetos, aos sucessos de indivíduos ou grupos e a certos momentos que os alunos ou o pessoal escolhe para essa finalidade.

A própria celebração encoraja os alunos a interagir e a reforçar a cultura da turma e da escola. A fase de planejamento das celebrações dá aos alunos uma chance de interagir, de trocar idéias, de construir planos juntos e de iniciar amizades. A preparação e a celebração em si mesma é um bom local para os alunos, os professores e os pais colaborarem.

A brincadeira é uma forma básica de aprendizagem cognitiva e social. Quando as pessoas fazem brincadeiras, estão ativas, explorando, estruturando, estão espontâneas, emotivas, motivadas e concentradas, interagindo e comunicando-se. A brincadeira também pode acontecer fora de cenários de aprendizagem, assim como dentro dos mesmos. Existem jogos que treinam funções corporais e perceptuais; são baseados em encenações; são receptivos, construtivos e governados por regras. A seguir, estão algumas idéias para uma brincadeira estruturada.

- A manhã começa com um tempo para brincadeiras de meia hora em que os alunos escolhem seus companheiros de brincadeira e o jogo que desejam jogar. O dia começa sem estresse e com comunicação e interação, em um ambiente de aprendizagem preparado, onde o professor oferece diferentes jogos para os alunos em diferentes etapas do desenvolvimento. O jogo ajuda-os a relacionar-se com outros alunos, eles aprendem a decidir, a estabelecer acordos e a dominar seus próprios impulsos.
- Há jogos para o treinamento de habilidades cognitivas, como ortografia, leitura e aritmética. Jogar cartas é mais motivador do que ler um livro. Assim, os alunos não se importam em praticar ortografia quando essa está "embutida" num jogo.
- A encenação de um papel demonstrou melhorar o desenvolvimento da linguagem assim como a compreensão da situação dos outros.
- Durante a pausa, os alunos devem ter a possibilidade de – serem encorajados a – sair e encontrar colegas de outras turmas.

Interação social fora do horário escolar

Na maioria dos casos, a escola concentra-se em interações sociais em seu interior e em atividades relacionadas à escola. Porém, há ocasiões em que as escolas colaboram com os pais no planejamento de atividades fora do horário escolar. Isso refere-se a alunos que, por algumas razões, têm dificuldades de relacionar-se com seus colegas.

Para alguns alunos, a falta de iniciativa na comunicação é aparente. Eles até mesmo isolam-se e apresentam uma atitude passiva. O pessoal precisa, preferencialmente em colaboração com os pais, decidir sobre ações resolutas a fim de apoiar esses alunos. O planejamento para a interação social e a formação de vínculos precisa ser holística e levar em conta a vida diária do aluno. Dessa forma, as ações e atividades planejadas para o horário escolar e após a escola precisam sobrepor-se.

Tal planejamento envolveria o acesso aos colegas dentro e fora da escola; as razões para a comunicação, as razões para demonstrar alguma iniciativa e as razões para participar nas atividades. Há muitas maneiras de apoiar a interação social. Funções podem ser distribuídas aos alunos a fim de encorajar um estímulo, o trabalho em grupo pode ser freqüente e colegas apoiadores em grupo cuidadosamente selecionados. Também provou ser efetivo organizar um Círculo de Amigos[2]. Essa é uma abordagem sistêmica para evitar o isola-

---

[1] Newton, C., G. Taylor e D. Wilson. *Circles of friends*. Summary. http://www.innotts.co.uk/~colinn/circle9.htm (26 de maio de 2001)

mento de alunos de seu grupo de pares tanto dentro como fora da escola. Ele reconhece o poder do grupo de pares. O Círculo de Amigos cria uma rede de apoio para um aluno. Mediante de passos sistemáticos, ele apóia o aluno para que este compreenda seu comportamento e ajuda-o a fazer mais amizades.

ATIVIDADES

As atividades a seguir referem-se a várias questões concernentes à interação social na escola. As atividades podem ser usadas no nível de professor-pai e no nível do aluno. As atividades deveriam levar à discussão e à reflexão na equipe. Viver e aprender juntos é um critério de escolas inclusivas no nível dos alunos e no nível dos professores. Dessa forma, a discussão e a reflexão de colegas e co-trabalhadores é de grande valor por várias razões.

Tomando decisões

O propósito dessa atividade é ajudar as equipes a tomar decisões de maneira fácil e direta. Os grupos concentram-se no problema ou projeto predeterminado. Eles fazem um *brainstorming* para encontrar soluções e fazer priorizações. Finalmente, redigem planos de ação. (90 minutos)

As camadas na resolução de conflitos

Nessa atividade, os participantes são convidados a descrever, refletir e encontrar soluções para os conflitos existentes. No final, eles formam um plano a implementar. (90 minutos)

Planejamento curricular de questões sociais

Equipes de professores refletem sobre a situação atual com relação às habilidades sociais de um determinado aluno. Juntos, eles planejam os passos para encorajar um maior desenvolvimento. (50 minutos)

Observando a interação social dentro dos grupos

Essa atividade concentra-se em quão bem os grupos funcionam. As cinco questões a seguir são consideradas: estrutura, clima, apoio, irritação, cooperação. Individualmente ou com um parceiro, são estudadas e interpretadas anotações de campo. (80 minutos)

Interação social de uma criança

A atividade convida os professores, os especialistas e os pais a estudar dados de muitas fontes sobre a interação social de uma determinada criança. Os dados serão retirados das anotações do professor, das anotações de reuniões, de currículos pessoais, de notas, de livros de exercícios e de planos de ação anteriores. Após as conclusões, o grupo decidirá sobre um novo plano de ação. (90 minutos)

Tomando decisões   90 minutos

Em sala de aula, freqüentemente precisamos tomar decisões referentes a vários projetos e passos dentro de projetos. Esta atividade lhe ajudará a encontrar uma variedade de soluções e a estabelecer prioridadesdentro de um projeto. Antes desta atividade, o grupo do pessoal já terá concordado em uma questão na qual o grupo trabalhará. Pode ser uma tarefa da natureza de resolução de problemas como: "Como posso encorajar a interação social em nossa escola?"

Primeiro passo

> Individualmente, os participantes anotam suas idéias sobre as formas de encorajar a interação social. Cada forma ou solução é anotada num pequeno cartão. O cartão é afixado a um mural. Idéias semelhantes de diferentes professores são colocadas juntas.

Segundo passo

> Individualmente, os professores lêem as idéias e escolhem as cinco melhores. Vir até o mural e marcar a melhor idéia no mural com 5 pontos, o melhor a seguir com 4 pontos, o seguinte com 3, etc.
>
> Após todos os participantes terem marcado suas idéias favoritas, os pontos são contados para se descobrir as idéias preferidas.

Terceiro passo

> Trabalhar agora em grupos de quatro. Concentrar-se nas três principais idéias e discutir como elas podem ser implementadas. Redigir planos de ação descrevendo a implementação para cada um.
> Usar o formulário da página seguinte.

Interação social – um plano de ação

Escola: _____
Pessoal da escola: _____
Pais: _____
Aluno: _____ Data: _____

Objetivo/meta	
Temas e tarefas	
Distribuição do trabalho. Responsabilidades e funções	
Limitações de tempo	
Recursos	
Avaliação de progresso Quando? Como? Quem?	
Avaliação no final do trabalho Critérios e métodos de investigação	

As camadas na resolução de conflitos   90 minutos

Esta atividade aborda a resolução de conflitos em grandes grupos de adultos e é chamada de camadas de resolução de conflitos. Solicita-se aos participantes que apresentem problemas e conflitos, a seguir, decidem trabalhar com um deles. Eles explicam o conflito, conversam sobre as razões deste, discutem possíveis soluções e, no final, redigem um plano de ação para enfrentar o conflito.

Primeiro passo

> O grupo coleta os temas de conflito atuais. Estes podem ser problemas no trabalho em equipe, conflitos com os pais ou com os alunos. Após listar alguns temas, o grupo decide em que conflito deseja trabalhar.

Segundo passo

> Os seguintes grupos são organizados:
> Grupo A: as pessoas que são muito afligidas por esse conflito.
> Grupo B: as pessoas que não são tão afligidas por ele.
> Grupo C: as pessoas que são levemente afligidas por ele.
> Os participantes decidem em que grupo desejam trabalhar. Eles se sentam em três círculos. No círculo interno, senta-se o grupo A; no círculo externo, o grupo B; e no segundo círculo externo, o grupo C.

Terceiro passo

O grupo A *descreve* o conflito – como eles o vêem. Enquanto o grupo A descreve o conflito, as pessoas no círculo externo não devem falar. O grupo B no círculo externo reflete sobre hipóteses do porquê da existência desse conflito. O grupo C deve ouvir com atenção.

Quarto passo

Quando o grupo A tiver terminado, o grupo B entra no círculo interno. O grupo B descreve *por que* esse conflito existe. Enquanto o grupo B fala, o grupo C deve pensar sobre estratégias para resolução de conflitos.

Quinto passo

O grupo C entra no círculo interno e expõe suas idéias para a resolução de problemas. O líder da atividade anota que estratégias são mencionadas.

Sexto passo

O grupo todo decide qual das estratégias de resolução de conflitos mencionada ele deseja experimentar.

Sétimo passo

Individualmente, em pares ou em pequenos grupos, os participantes fazem um plano de ação para resolver o problema.

Planejamento de questões sociais   50 minutos

Essa atividade aborda o planejamento curricular em questões sociais.

Primeiro passo

Encontrar um parceiro que conheça seus alunos muito bem. Escolher um aluno para o qual você queira projetar um currículo sobre questões sociais.

Juntos, refletir sobre que habilidades sociais esse aluno tem no momento e como você poderia reconhecer essas habilidades. Considerar a lista a seguir e adicionar a ela aspectos importantes.

A criança:
- É capaz de perceber os outros.
- É capaz de aceitar os outros.
- É capaz de comunicar-se.
- É capaz de chegar a um consenso.
- Não tem medo.
- É ativa.
- Tem confiança e abertura.
- Sabe como lidar com o poder.
- Sabe como lidar com o controle.
- Sabe como lidar com a competição e a rivalidade.
- Sabe como começar a se relacionar com os outros.
- Sabe como dar *feedback*.
- Conhece a si mesma.
- Consegue refletir.
- Conhece sua função no grupo.
-
-
-

Para avaliar a situação atual, você pode utilizar o formulário página seguinte e marcar Sim ou Não, conforme desejar.

Segundo passo

Com relação às habilidades sociais que você gostaria de encorajar, decidir sobre a próxima zona de desenvolvimento social. Usar o mesmo formulário.

Próxima zona de desenvolvimento

Nome da criança: _____ Tempo de desempenho: _____
Nomes dos professores: _____

Habilidades:	Sim	Não	Próxima zona de desenvolvimento:	Como chegar a essa zona:	Quem será o responsável?
Percebe os outros					
Aceita os outros					
Comunica-se					
Chega a um consenso					
Não tem medo					
É ativa					
Tem confiança e abertura					
Lida bem com o poder					
Lida bem com o controle					
Lida bem com a competição e a rivalidade					
Relaciona-se com os outros					
Dá *feedback*					
Conhece a si mesma					
Consegue refletir					
Conhece sua função no grupo					

Observando a interação social dentro dos grupos   80 minutos
Primeiro passo

Perguntas:	Observações:
Estrutura	
Que regras foram estabelecidas pelo grupo?	
Quem é/são os líderes?	
Como o grupo toma decisões?	
Clima	
Como é o clima emocional no grupo?	
Como os membros do grupo podem demonstrar seus sentimentos?	
Como eles conseguem lidar com as emoções de outros membros do grupo?	
Que sinais não-verbais demonstram a mudança de clima emocional?	
Que expressões verbais foram usadas para demonstrar sentimentos e emoções?	
Apoio	
Como os participantes sozinhos influenciam o desenvolvimento do grupo?	
Que comportamento útil pôde ser observado?	
Cooperação	
Como o grupo consegue chegar a um consenso?	
Que comportamento leva a acordos?	
Que comportamento leva a desacordos?	

Segundo passo

Individualmente ou com um colega, estudar seus dados e discutir a situação.
Trabalhar com as seguintes perguntas:
- O que precisa ser mudado?
- Quais são os próximos passos na interação social do grupo?
- Como essas mudanças podem ser iniciadas?

Quando você achar que essa discussão estiver tomando forma, redija um plano de ação para implementação. Você encontrará um formulário para planejamento de Ação na Atividade "Tomando decisões", p. 154.

Interação social de uma criança   90 minutos

Equipe de professores ensinando a mesma criança, preferencialmente junto com os pais, coleta dados sobre as interações sociais de um determinado aluno. Após coletar os dados, estuda-os, tira conclusões e decide sobre passos adicionais para promover melhorias. Um plano de ação encontra-se na página a seguir.

Sala de aula:	Anotações do professor	Anotações de reuniões	Currículo individual	Livros de exercícios dos alunos		Resumo de conclusões
Interação social informal positiva com outros alunos					=	
Interação social informal negativa com outros alunos					=	
Iniciativa do aluno para interação informal					=	
Interação formal e planejada pelo professor					=	
Playground						
Que forma de interação?					=	
Colegas de brincadeiras					=	

Interação social – um plano de ação

Escola: _____ Pessoal da escola: _____
Pais: _____ Aluno: _____
Data: _____

Objetivos/alvos					
Tarefas, distribuição de trabalho, funções e responsabilidade	Tarefas	Professor	Pais	Diretor	Outros
Limites de tempo					
Recursos					
Avaliação de progresso Quando? Como? Quem?					
Avaliação no final do trabalho Critérios e métodos de investigação					

LEITURA RECOMENDADA

Falvey, Mary A., Marsha Forest, Jack Pearpoint, and Richard L. Rosenberg. 1994. Building Connections. In *Creativity and Collaborative Learning: A Practical Guide to Empowering Students and Teachers*. Ed.: Jacqueline S. Thousand, Richard A. Villa & Ann I. Nevin. Baltimore, Paul H. Brookes
Johnson, David, W. and Johnson, Roger T. 1991. *Learning Together and Alone. Cooperative, Competitive and Individualistic Learning*. (3rd ed.). Boston, Allyn and Bacon.
Johnson, David, W. and Roger. T. Johnson. 1999. *Learning Together and Alone: Cooperative, Competitive, and Individualistic Learning*. 5th Edition. Boston, Allyn and Bacon.
Newton, C., Taylor, G. and Wilson, D. *Circles of friends*. Summary. http://www.innotts.co.uk/~colinn/circle9.htm (26th May 2001)
Peter Petersen. 1980. *Der kleine Jenaplan*. 56. - 60. Auflage, Weinheim, Beltz.
Peter Petersen. 1971. *Führungslehre des Unterrichts*. 10 Auflage. Weinheim, Beltz.
Savolainen, Hannu; Kokkala, Heikki & Alasuutari, Hanna. 2000: *Meeting Special and Diverse Educational Needs*. Helskinki, Ministry for Foreign Affairs.
Vygotsky, Lew Semjonowitsch. 1988. *Denken und Sprechen*. Frankfurt am Main, Fisher Taschenbuch Verlag.
Vygotsky, Lev S. 1986. *Thought and Language*. Revised translation by A. Kozulin, Ed. Cambridge, MA: MIT Press.

16

Colaboração lar-escola

OBJETIVOS DO CAPÍTULO

O termo colaboração entre o lar e a escola refere-se à cooperação entre o pessoal da escola e os pais, objetivando melhorar a maturidade geral e o bem-estar emocional dos alunos, assim como o entendimento mútuo de ambos os grupos. Após trabalhar com este capítulo, o leitor terá lidado com vários aspectos desse assunto. Ele estará familiarizado com:
- vários pontos de vista relativos à colaboração entre a escola e os pais em várias etapas, desde a preparação dos alunos para a educação escolar até o final de sua carreira escolar;
- como criar um plano de implementação sobre a colaboração entre o lar e a escola em conjunto com os pais;
- a importância de os professores tomarem a iniciativa para estabelecer a colaboração e assumir uma certa responsabilidade por ela;
- o propósito da colaboração, assim como as expectativas dos professores e dos pais quanto a ela;
- a importância da colaboração quando mudanças drásticas ocorrem na educação escolar de um aluno;
- alguns métodos de avaliação da colaboração entre o lar e a escola.

RESULTADOS DO ESTUDO

O estudo ETAI revelou que a colaboração com os pais diferiu em forma, em conteúdo e em freqüência. Em alguns casos, a colaboração foi limitada e, principalmente, consistiu em a escola informar aos pais e não em um esforço colaborativo real. Em outros casos, os pais foram participantes ativos nos processos de elaboração de políticas e de tomada de decisão e foram considerados especialistas quanto a seus filhos. Há dados disponíveis sobre a participação geral e ativa de todos os pais de uma escola inteira, mas também há importantes informações disponíveis sobre como organizar com sucesso a colaboração entre a escola e os pais de uma criança com deficiência. A seguir, estão os principais resultados do estudo ETAI referentes à colaboração entre o lar e a escola:

- A participação dos pais na educação dos filhos tem um efeito geralmente positivo sobre as habilidades acadêmicas dos alunos e melhora o trabalho da escola.
- Uma colaboração bem-sucedida entre o lar e a escola é uma das precondições para a educação bem-sucedida de um aluno com deficiência. Sem essa colaboração e sem a participação ativa dos pais na educação dos filhos, esses alunos têm menor probabilidade de obter bons resultados.
- Alguns fatores são mais importantes do que outros. O mais importante é que o pessoal da escola tenha uma atitude positiva em relação à colaboração. A atitude dos administradores é de particular importância, pois eles lideram o processo de elaboração de políticas.
- Recomenda-se veementemente que a colaboração inicie algum tempo antes de a educação escolar iniciar e que permaneça constante durante toda a vida escolar de uma criança. A extensão da colaboração varia, dependendo das necessidades dos alunos. Quanto mais necessidades especiais o aluno tem, mais cedo deve ser iniciada a preparação.
- Quando tiver sido criada uma conexão entre a escola e o lar, a escola precisa assumir a responsabilidade pela colaboração e mantê-la, cuidar da coordenação e demonstrar iniciativa na organização e na avaliação da qualidade da colaboração.
- É essencial que as partes tenham uma idéia clara sobre o propósito da colaboração e expressem suas expectativas quanto a ela.
- Tanto os pais como os professores podem precisar do apoio e do encorajamento de um conselheiro a fim de aprenderem a trabalhar juntos de forma igualitária.
- Assim como a educação escolar precisa ser preparada, as mudanças na educação escolar também precisam ser preparadas em colaboração com os pais e o próprio aluno. Isso inclui a transferência da escola obrigatória para a escola de nível médio, a transferência entre escolas do mesmo nível ou a preparação para o mundo do trabalho e os anos da maturidade.

IMPLEMENTAÇÃO

Dentro das escolas que enfatizam que todos os alunos têm algum tipo de necessidade especial, a colaboração entre o lar e a escola é considerada um grande recurso, pois ela pode auxiliar os professores a atender às necessidades de todos os alunos. Os pais conhecem seus filhos melhor do que qualquer pessoa e possuem informações que podem ter influência fundamental em sua educação. Os pais são os primeiros professores de seus filhos. Eles geralmente observam a educação escolar de seus filhos e sua visão geral é, portanto, importante para assegurar a continuidade necessária, tanto acadêmica quanto socialmente, de um ano para outro.

É de vital importância que todas as escolas enfatizem a colaboração entre o lar e a escola. Isso pode ser feito reforçando-se as linhas de comunicação, assim como encorajando-se a discussão conjunta de questões, soluções e o processo de tomada de decisões em relação à situação acadêmica e social de um aluno.

Os seguintes aspectos da colaboração entre o lar e a escola serão tratados neste capítulo:
- pré-requisitos para uma colaboração bem-sucedida;
- objetivos e conteúdo;
- iniciativas, funções e responsabilidade;
- forma e freqüência.

Pré-requisitos para uma colaboração bem-sucedida

Toda escola precisa formar uma política holística sobre a colaboração entre o lar e a escola e sobre como ela deve ser sustentada. Recomenda-se que a política seja estabelecida de tal maneira que o pessoal deseje segui-la, e também é necessário deixar claro aos pais que sua participação é esperada. Os pais devem ter uma função representativa na elaboração de políticas. Após a política ter sido traçada, deve ser criado um plano em torno da colaboração, incluindo cada grupo etário. Finalmente, cada professor cria um plano de implementação para sua turma, incluindo uma definição mais detalhada da colaboração com os pais.

É essencial que a atitude da administração seja positiva, de modo que os pais sintam-se bem-vindos à escola. É possível uma comunicação real apenas quando o pessoal da escola consegue aproximar-se dos alunos e de seus pais.

Nas escolas em que a colaboração entre o lar e a escola evoluiu da troca de informações para a tomada de decisões juntos na educação da criança, as seguintes condições para a colaboração geralmente estavam presentes:
- uma atitude positiva do pessoal da escola;
- a filosofia de que a participação dos pais é considerada importante e a clara exposição dessa filosofia aos pais;

- uma tradição de colaboração;
- receber bem os alunos com necessidades especiais na escola;
- a vontade dos membros do pessoal de aumentar seu conhecimento e suas habilidades;
- o pessoal trabalhando em estreita colaboração com os pais;
- a avaliação regular do esforço colaborativo.

Além disso, parece que as habilidades comunicativas dos professores são muito importantes para a colaboração ter sucesso. As habilidades dos professores em técnicas de entrevista e a escuta ativa influenciam a colaboração e o modo como a comunicação se desenvolve.

Objetivos e conteúdo

A colaboração entre o lar e a escola pode ser extremamente variada, dependendo das necessidades de cada situação. Uma ênfase diferente leva a resultados diferentes; portanto, é importante pensar com cuidado sobre os objetivos da colaboração. À primeira vista, pode parecer ser sempre a mesma coisa, envolvendo educação geral, relações sociais, saúde dos alunos e assim por diante. Mas olhando com mais atenção, percebe-se que cada pequeno aspecto torna-se mais complicado quando envolve alunos com necessidades especiais. Além dos aspectos mencionados acima, a colaboração envolve então um sistema de apoio específico, o fornecimento de auxílios, questões técnicas, a elaboração de políticas em relação a fatores acadêmicos e sociais, a implementação e a avaliação de planos, assim como as várias tarefas ligadas a todas essas questões.

A colaboração entre o lar e a escola varia de acordo com a idade e as necessidades do aluno em questão. A importância da colaboração é inegável, mesmo para os alunos adolescentes, quando há um maior risco de que os esforços colaborativos possam ser interrompidos. A colaboração precisa refletir a maioridade dos alunos e mudar de acordo com ela.

É importante que os professores e os pais de crianças com necessidades especiais trabalhem juntos e concentrem-se em atingir os objetivos da educação de forma efetiva. A participação ativa das crianças com necessidades especiais pode encorajar os pais de outras crianças a participar e melhorar a solidariedade dentro da escola.

Relações sociais positivas entre os alunos nem sempre se desenvolvem naturalmente, e as crianças com necessidades especiais têm dificuldades maiores. Portanto, é importante que a escola enfrente isso sistematicamente em colaboração com os lares. Os professores e os pais podem trabalhar juntos na criação de um plano educacional individualizado que defina as metas sociais para os alunos na escola a fim de melhorar seus *status* social. Tal plano requer a participação de outros alunos.

Os professores são pessoas-chave em relação ao desenvolvimento de relações entre os pares, pois eles têm acesso a todos os pais. Idealmente, os professores deveriam convocar os pais para uma reunião durante os primeiros meses da escola a fim de iniciar uma discussão entre os pais sobre direitos iguais e a importância de boas relações entre todos os alunos. Tais reuniões podem melhorar a formação de novas conexões sociais entre os pais de uma criança com necessidades especiais e os pais de outras crianças na turma. A colaboração pode envolver o planejamento de jogos, visitas e outras atividades sociais, tanto dentro da escola como em casa. Tal colaboração pode encorajar a comunicação entre os pares e amizades dentro da turma ou reforçá-las de modo que se tornem cada vez mais sólidas e agradáveis.

Uma grande maioria de pais deseja e acha importante ajudar seus filhos com o tema de casa. Portanto, a organização do tema de casa, a comunicação por parte dos professores e da escola de informações relacionadas à educação dos alunos e as relações com os pais precisam ser as melhores possíveis. É válido salientar o valor de oferecer aos pais cursos ou apoio que lhes dê informações sobre a melhor maneira de auxiliar seus filhos, por exemplo, com o tema de casa. Freqüentemente, os pais têm dúvidas sobre sua influência; nesses momentos, é importante que eles recebam encorajamento, apoio e aconselhamento de membros do pessoal da escola. Os pais geralmente desejam esse tipo de orientação, porém a escola precisa aceitar e compreender que alguns deles não são capazes de ajudar seus filhos nos estudos.

Os pais precisam de encorajamento e orientação que apenas a escola pode fornecer. Portanto, a escola é principalmente responsável pelo uso efetivo do interesse e do desejo dos pais em ajudar seus filhos. Os pais freqüentemente gostam de estar profundamente envolvidos nas tarefas de seus filhos, e o trabalho da turma e as escolas devem ter isso em mente ao organizarem a participação dos pais. Quando os professores e os pais encontram obstáculos, eles precisam ter acesso à assistência de um conselheiro ou de uma parte colaboradora.

Iniciativas, funções e responsabilidade

As principais funções dentro da colaboração entre o lar e a escola estão nas mãos dos professores, de outros profissionais da escola e dos pais. Em alguns casos, especialistas de fora da escola também estão envolvidos na colaboração. No caso de crianças com necessidades especiais, geralmente é um especialista de um serviço de apoio quem reúne os pais e a escola. Quando uma conexão desse tipo é necessária, o pessoal da escola deve assumir responsabilidade por estabelecer e mantê-la. Um professor supervisor é a melhor pessoa para esse trabalho e pode convocar as pessoas necessárias e adequadas. É útil se tanto o pessoal da escola quanto os pais demonstram iniciativa na colaboração. É importante reconhecer que se ninguém demonstrar iniciativa, não poderá haver colaboração.

Com relação à busca de soluções, assim como à elaboração de políticas e tomada de decisões, mostrou-se efetivo que a responsabilidade ficasse com os professores para questões intra-escolares e com os pais para questões extra-escolares. Porém, essa divisão não deveria fazer com que esses dois grupos deixassem de se ajudar mutuamente.

O número de participantes envolvido na colaboração em torno de um aluno pode variar. Pode haver apenas dois participantes, ou seja, um pai e um professor supervisor. Porém, também há exemplos de reuniões colaborativas regulares de 12 pessoas, incluindo pais, professores supervisores, outros membros do pessoal da escola e especialistas de fora da escola, como terapeutas ocupacionais, fisioterapeutas, fonoaudiólogos, etc. Existe uma clara conexão entre a extensão das necessidades especiais dos alunos e o número de participantes necessários para a colaboração. Quanto maiores as necessidades especiais, maior o número de pessoas envolvidas.

Recomenda-se que a responsabilidade e as tarefas sejam divididas de forma tão igualitária quanto possível, apesar de ter de haver uma pessoa que supervisione e inspecione o projeto. Dentro de cada distrito escolar ou de cada escola deveria haver uma pessoa específica que lidasse com colaborações entre o lar e a escola. Seu trabalho seria auxiliar as escolas a desenvolver o processo de colaboração e auxiliar os diretores, os professores e os pais em todos os níveis do trabalho escolar. Além disso, ela coordenaria e apoiaria a colaboração contínua entre os pais e a escola.

Forma e freqüência

A colaboração entre o lar e a escola pode ser organizada de várias maneiras. Nenhuma abordagem por si só é a melhor; cada escola, professor e pais precisam encontrar os métodos que funcionam melhor para eles. Esses métodos variam dependendo da situação, mas precisam sempre assegurar um bom intercâmbio de informações e opiniões.

As reuniões geralmente acontecem na escola, mas os professores são encorajados a visitarem os pais, especialmente quando a colaboração é extremamente urgente. Ao visitar a casa da criança, o professor tem a oportunidade de conhecer a situação familiar. Esses tipos de visita têm probabilidade de facilitar boas relações.

Idealmente, a colaboração entre o lar e a escola deveria começar antes do início da educação escolar e ser constante durante toda a carreira escolar de uma criança. A colaboração é considerada mais produtiva quando é constante e contínua durante todo o ano acadêmico. A freqüência dos esforços colaborativos depende das necessidades das crianças, dos pais e dos professores. A freqüência pode variar de algumas reuniões durante o ano até a comunicação diária. Em muitos casos, os professores e os pais deveriam ter um encontro regular para trocar informações e avaliar o progresso, seja uma vez por semana ou com menor freqüência.

No início do ano escolar, os professores e os pais precisam chegar a um acordo sobre a forma e a freqüência da colaboração, de modo que todos os participantes possam oferecer informações e opiniões, garantindo que a colaboração satisfaça as necessidades de todos. A comunicação diária entre os professores e os pais de todas as crianças na escola pode produzir resultados positivos. Tal comunicação pode ocorrer na forma de um registro diário, pois provaram ser adequados para aumentar a continuidade educacional e para manter o fluxo freqüente de informações.

A colaboração entre os pais e a escola consome tempo. Quando ela é bem-sucedida, todos concordam que é uma parte indispensável do trabalho escolar e que o tempo investido é bem gasto. Então os pais podem tornar-se os principais apoiadores da escola e do professor, tanto dentro da escola como na sociedade.

ATIVIDADES

Devido à importância da participação dos pais no trabalho da escola, algumas das atividades a seguir envolvem sua participação direta. As atividades encorajam a discussão acerca de valores e atitudes, a implementação de planos e a busca por soluções. As atividades também incluem uma lista de verificação projetada para ajudar o pessoal da escola e os pais a organizarem sua colaboração. Finalmente, algumas orientações são dadas para auto-avaliação. Cada atividade, conduz ou a ação direta ou conclui um produto.

O que é importante na colaboração entre o lar e a escola?

Essa atividade lida com a colaboração entre o lar e a escola e destina-se a fornecer aos pais a oportunidade de refletir e de assumir responsabilidades. A atividade encoraja os pais a pensarem sobre a meta da colaboração, sobre o que é importante e que expectativas eles têm dela; os pais devem elaborar um plano relacionado a seu apoio à educação das crianças e à sua participação no trabalho da escola. A atividade ocupa 60 minutos.

Atitudes direcionadas à colaboração entre o lar e a escola

Essa atividade destina-se aos professores para que eles possam verificar suas próprias atitudes com relação à colaboração entre o lar e a escola. É feita uma tentativa para vincular a atividade aos resultados do estudo ETAI, de modo que os professores possam observar suas atitudes à vista dos resultados. Durante a atividade, os professores deveriam escolher uma tarefa prioritária em que trabalhar em relação à colaboração parental. (60 minutos)

Expectativas de colaboração entre o lar e a escola

A terceira atividade pode ser feita separadamente ou pode seguir a atividade "O que é importante na colaboração entre o lar e a escola?" diretamente. O propósito da atividade é ajudar os pais e os professores a planejar a colaboração para o ano acadêmico. Deve-se ressaltar que a atividade pode ser usada com todos os pais e professores de uma turma ou grupo específico de alunos ou ela pode ser usada com os pais de uma criança e seus principais professores. (90 minutos)

Auto-avaliação dos professores e dos pais

Essa atividade envolve os mesmos aspectos da atividade anterior, que foi usada como estrutura para a colaboração entre o lar e a escola. O propósito dessa atividade é avaliar o tipo de colaboração que aconteceu e se a compreensão dos professores e dos pais é a mesma. A atividade é adequada tanto para os pais de um grupo de alunos como para um aluno e seu professor. (90 minutos)

A qualidade da colaboração entre o lar e a escola

Essa atividade destina-se aos professores e aos pais. Eles avaliam a qualidade da colaboração e usam isso como base para discussão sobre sua futura colaboração. (30 minutos)

O que é importante na colaboração entre o lar e a escola? 60 minutos

A atividade é direcionada a pais de alunos em uma turma. Ela pode ser resolvida durante uma reunião com os pais e o professor supervisor, por exemplo, no início do ano escolar no outono. As declarações devem ser discutidas de forma conjunta com a colaboração entre o lar e a escola.

Primeiro passo

Atividade individual. Marcar as cinco questões que você considera mais importantes em relação à colaboração entre o lar e a escola.

É importante colaborar com a escola:
1. Por causa da educação, do comportamento e do bem-estar emocional da criança.
2. Para ajudar a criança com o tema de casa.
3. Para obter informações sobre a escola.
4. Para fazer trabalho voluntário para a turma/para a escola.
5. Para participar da elaboração de políticas e da tomada de decisões da escola.
6. Para ter uma oportunidade de conversar com o professor supervisor da criança.
7. Para obter apoio da escola como uma pessoa educando uma criança.
8. Para ter uma atitude positiva em relação à escola.
9. Para visitar a turma.
10. Outros.

Segundo passo

Sentar em um grupo com três ou quatro pais. Observar quais outras quatro questões foram mais freqüentemente escolhidas. Anotá-las aqui:
–
–
–
–

Na próxima página, há perguntas relacionadas às declarações acima. Discutir as quatro questões acima assim como as perguntas adequadas na próxima página. Anotar as respostas e os argumentos dos grupos.

Terceiro passo

Após concluir o segundo passo, cada grupo responde pelos principais resultados para todas as quatro questões.

Questões importantes na colaboração entre o lar e a escola

1. É importante colaborar com a escola por causa da educação, do comportamento e do bem-estar emocional da criança.
Qual o propósito da colaboração entre o lar e a escola? O que pode ser feito para tornar adequada a colaboração entre o lar e a escola? Quem deveria tomar a iniciativa e a responsabilidade pela colaboração?

2. Ajudar a criança com o tema de casa.
O interesse dos pais na educação escolar é importante para o sucesso da criança? Qual a melhor maneira de apoiar seus filhos academicamente? O que você pode fazer para ajudar seus filhos a terem melhores resultados em seus temas de casa? Que informações você precisa para fazer isso? Cursos para pais ajudariam? Que tipo de cursos deveriam ser considerados, Aprender a ler, por exemplo, seria um deles?

3. Obter informações da escola.
As informações da escola ajudam-lhe a educar seu filho? Que tipo de informação você precisa da escola e como você deseja recebê-la? As informações sobre o *status* da criança e seu bem-estar emocional e sobre o trabalho da escola em geral têm significado para a educação da criança?

4. Fazer trabalho voluntário para a turma/para a escola.
Como o trabalho voluntário dos pais pode ser organizado? O que é necessário para você doar seu tempo? Que tipo de trabalho voluntário você consideraria?

5. Participar na elaboração de políticas e na tomada de decisões da escola.
Quão importante é para os pais ter uma voz no processo de tomada de decisões? Qual a melhor maneira de proteger os direitos dos alunos? Os pontos de vista dos pais deveriam ser levados em consideração quando as regras da escola são estabelecidas?

6. Ter uma oportunidade de conversar com os professores supervisores da criança.
Por que isso é importante? O que pode ser obtido da colaboração? Dar um exemplo. Que expectativas você tem em relação à colaboração com o professor da turma?

7. Obter apoio da escola como uma pessoa educando uma criança.
O que a escola pode fazer para apoiar um pai? O que os pais podem fazer para apoiar a escola? Como construímos uma colaboração baseada em respeito, confiança e responsabilidade conjunta?

8. Ter uma atitude positiva em relação à escola.
O que os pais fazem quando estão insatisfeitos com a escola? É efetivo conversar com aqueles que têm o poder para mudar as coisas?

9. Visitar a turma.
As visitas à turma podem ajudar-lhe a entender as crianças e a participar de suas discussões?

10. Outras.

Caminhos para a inclusão **171**

Atitude em relação à colaboração entre o lar e a escola

60 minutos

Primeiro passo

> Atividade individual. O professor coloca um X junto à situação/atitude atual, mas um 0 junto ao número em que ele gostaria que a situação estivesse. O espaço entre o X e o 0 é uma indicação de se as ações/mudanças de atitude são necessárias ou não. **1** significa *pouco* ou *com pouca freqüência*, **5** significa *muito* ou *freqüente*.

Avaliação da situação atual e da situação desejável	Escrever 0 e X				
	1	2	3	4	5
É minha responsabilidade criar uma ligação entre a escola e os lares.					
Sou bom em técnicas de entrevista e em prestar informações.					
Acho necessário trabalhar de maneira próxima aos pais, de modo que os alunos possam desenvolver suas habilidades.					
Considero a colaboração com os pais uma parte importante do meu trabalho.					
Minhas expectativas em relação à colaboração são claras.					
Contato os pais regularmente sem ter uma razão especial.					
Convido os pais a visitarem e a auxiliarem no trabalho em sala de aula.					
Converso com os pais sobre os pontos fortes e os pontos fracos dos alunos.					
Contato os pais quando seu filho está indo bem.					
Apresentei a política da escola quanto à colaboração entre o lar e a escola.					
Organizo a colaboração junto com os pais.					
Prefiro trabalhar sozinho.					
Está tudo bem se todos os pais não trabalham de forma igual com a escola.					
Peço a ajuda dos pais para avaliar a colaboração.					
Sinto-me inseguro em ensinar quando há visita dos pais.					
Gosto de trabalhar com os pais.					

Segundo passo

> Trabalho individual. Ao processar a auto-avaliação no Primeiro passo, você precisa observar os pontos entre X e 0. Se eles estiverem lado a lado, isso significa um ponto. Se houver uma coluna entre eles, significa dois pontos.
> A. Calcular os pontos que você obteve para toda a lista.
> B. Ler os resultados do estudo ETAI sobre a colaboração entre o lar e a escola e compará-los com seus próprios pontos de vista. Listar algumas coisas dos resultados que você achar importantes.
> –
> –
> –
> –
> –
> –
> –

Terceiro passo

Escolher dois ou três questões da lista com as quais continuar trabalhando. Enfatizar as questões em que dois ou mais pontos separaram sua situação atual da desejada. Encontrar alguém dentro da escola com quem trabalhar as primeiras idéias para uma política e implementação. Você poderá utilizar o plano de implementação na página [...]

Expectativas em relação à colaboração entre o lar e a escola   90 minutos

Primeiro passo

Os pais preenchem uma lista e os professores preenchem outra semelhante.

Nome do(a) pai/mãe:					
	Diariamente	Semanalmente	Mensalmente	Com que freqüência?	Não sei
Gostaria que a forma de colaboração com a escola consistisse de:					
- reuniões com os professores - entrevistas por telefone - registros diários - comunicação via Internet - boletins					
Desejo tratar com:	Desejo que a colaboração na escola seja em torno de:				
professor de turma - professor de alunos com necessidades especiais - outros professores - psicólogo - diretor - enfermeiro - outros - consultor educacional	- estudo na escola - bem-estar emocional - tema de casa - as relações de pares - comportamento - ensino - outrosos currículos				
Desejo saber					
- se há um currículo escolar - se a escola tem uma política relativa a crianças com necessidades necessidades especiais - se a escola tem regras escolares - como são ensinadas leitura e matemática - como eu deveria ajudar meu filho com seu tema de casa - se há um plano quanto à colaboração dos pais - como se lida com problemas comportamentais - se tenho acesso a um psicólogo escolar - se a escola ensina música - Outros	Urgente		Um tanto urgente		Não urgente
Eu estaria muito interessado em ajudar a escola					
- auxiliando os professores durante o horário escolar (auxiliar em aula, no pátio, etc.). - auxiliando os professores fora do horário escolar (viagens escolares, encontros de turma, etc.). - compartilhando experiências e/ou conhecimentos. - convidando alunos para visitar meu local de trabalho e apresentando-lhes meu trabalho. - melhorando as relações de pares fora da escola, por exemplo, reunindo grupos para brincadeiras. - organizando trabalho voluntário dos pais. - ajudando em atividades de publicação, como o boletim da turma. - ajudando com levantamento de fundos. - trabalhando no conselho de pais da turma em relação aos aspectos sociais dos professores e dos pais. - trabalhando com a associação de pais da escola. - trabalhando sobre a política da escola. - se outros, quais?					

Nome do professor:					
Desejo trabalhar com o(s) pai(s) de _____ (nome da criança) através de...	Diariamente	Semanalmente	Mensalmente	Com que freqüência?	Não sei
- reuniões - entrevistas por telefone - registros diários - comunicação via Internet - boletins					

Desejo que a colaboração seja em torno de:
- educação na escola   - comportamento - tema de casa   - bem-estar emocional - ensino   - relações de pares - outros   - currículos

Gostaria que os pais ajudassem a escola com as seguintes questões:
- auxiliando os professores durante o horário escolar (auxiliar em aula, no pátio, etc.). - auxiliando os professores fora do horário escolar (viagens escolares, reuniões de turma, etc.). - compartilhando experiências e/ou conhecimentos. - convidando os alunos a visitar seu local de trabalho e apresentando-lhes meu trabalho. - melhorando as relações de pares fora da escola, por exemplo, reunindo grupos para brincadeiras. - organizando trabalho voluntário dos pais. - ajudando em atividades de publicação, como o boletim da turma. - ajudando com levantamento de fundos. - trabalhando no conselho de pais da turma em relação aos aspectos sociais dos professores e dos pais. - trabalhando com a associação de pais da escola. - trabalhando sobre a política da escola. - se outros, quais?

Segundo passo

> Os professores e os pais comparam e discutem as listas juntos. Dessa forma, eles chegam a conhecer a atitude uns dos outros em direção à colaboração. Essa comparação e discussão são usadas para criar uma política e um plano de implementação para a colaboração entre o lar e a escola.

Auto-avaliação dos professores e dos pais   90 minutos
Primeiro passo

Os pais ponderam sobre como tem sido a colaboração com a escola e escolhem a resposta mais adequada.

Nome do pai/mãe:					
1. A colaboração com a escola foi feita através de:	Diariamente	Semanalmente	Mensalmente	Com que freqüência?	Não sei
- reuniões com os professores - entrevistas por telefone - registros diários - comunicação via Internet - boletins					

Eu colaborei principalmente com:		A colaboração foi em torno de:	
- professor de turma - outros professores - diretor - outros	- professor de alunos com necessidades especiais - psicólogo - enfermeiro - consultor educacional	- o estudo na escola - tema de casa - comportamento - outros	- bem-estar emocional - relações de pares - o ensino - currículos

Estou familiarizado com:

Sim Não
-   - o currículo escolar.
-   - as regras escolares.
-   - que a escola tem uma política sobre as crianças com necessidades especiais
-   - a organização da escola.
-   - como a leitura e a matemática são ensinadas.
-   - como eu deveria ajudar meu filho com seu tema de casa.
-   - que a escola tem um plano para a colaboração entre o lar e a escola.
-   - como a escola lida com dificuldades comportamentais.
-   - o psicólogo escolar.
-   - qual ensino musical é fornecido pela escola.

Minha colaboração consistiu em:
- auxiliar os professores durante o horário escolar (auxiliar em aula, no pátio, etc.).
- auxiliar os professores fora do horário escolar (viagens escolares, encontros de turma, etc.).
- compartilhar experiências e/ou conhecimentos.
- convidar alunos para visitar meu local de trabalho e apresentar-lhes meu trabalho.
- melhorar as relações de pares fora da escola, por exemplo, reunir grupos para brincadeiras.
- Organizar o trabalho voluntário dos pais.
- ajudar em atividades de publicação, como o boletim da turma.
- ajudar com levantamento de fundos.
- trabalhar no conselho de pais da turma em relação à interação social dos professores e dos pais.
- trabalhar com a associação de pais da escola.
- trabalhar sobre a política da escola.
- se outros, quais?

Nome do professor:					
A colaboração com os pais de _____ (nome da criança) foi através de...	Diariamente	Semanalmente	Mensalmente	Com que freqüência?	Não sei
- reuniões - entrevistas por telefone - registro de comunicação - comunicação via Internet - boletins - obter informações sobre a criança - dar informações sobre a criança					

Os pais colaboraram com:		A colaboração foi em torno de:	
- professor de turma - outros professores - diretor - outros	- professor de alunos com necessidades especiais - psicólogo - enfermeiro - consultor educacional	- o estudo na escola - tema de casa - comportamento - outros	- bem-estar emocional - relações de pares - o ensino - currículos

Eu gostaria que os pais ajudassem com as seguintes tarefas:
- auxiliar os professores durante o horário escolar (auxiliar em aula, no pátio, etc.).
- auxiliar os professores fora do horário escolar (viagens escolares, encontros de turma, etc.).
- compartilhar experiências e/ou conhecimentos.
- convidar alunos para visitarem seu local de trabalho e apresentarem-lhes seu trabalho.
- melhorar as relações de pares fora da escola, por exemplo, reunindo grupos para brincadeiras.
- organizar trabalho voluntário dos pais.
- ajudar em atividades de publicação, como o boletim da turma.
- ajudar com levantamento de fundos.
- trabalhar no conselho de pais da turma em relação ao trabalho social dos professores e dos pais.
- trabalhar com a associação de pais da escola.
- trabalhar sobre a política da escola.
- se outros, quais?

Segundo passo

Os professores e os pais comparam suas respostas e identificam o que obteve mais sucesso e o que precisa ser melhorado. Eles escolhem de duas a quatro questões nas quais desejam trabalhar especialmente durante o próximo período. Ver o plano de implementação na página [...]

A qualidade da colaboração entre o lar e a escola 30 minutos

Uma avaliação geral desse aspecto como um todo, destinada tanto para os professores como para os pais. As perguntas podem ser usadas individualmente ou por um grupo colaborativo. O propósito é examinar e avaliar os resultados da colaboração e identificar as lições que podem ser aprendidas com ela.

Avaliação da colaboração entre o lar e a escola:
Nome(s): _____
Data: _____
1. Qual foi a última vez em que a colaboração foi avaliada? _____
2. Que resultados a colaboração produziu? _____
3. Qual seu grau de satisfação com os resultados? Faça um círculo ao redor do número indicando seu grau de satisfação (situação atual) com os resultados e um ponto inicial acima do número em que você teria gostado de ver a situação.
    1   2   3   4   5   6   7   8   9   10
    (muito desapontado)   (muito satisfeito)
4. Que mudanças devem ser feitas para conseguir os melhores resultados? ____
5. Quando será a próxima avaliação da "colaboração"? _____

LEITURA RECOMENDADA

Berger, E.H. 1995. *Parents as Partners in Education. Families and Schools Working Together*. New Jersey, Merill.
Epstein, J.L. 1995. School/Family/Community Partnerships, Caring for the Children We Share. *Phi Delta Kappan*, 76, 9:701-712.
Fullan, M.G with Stiegelbauer, Suzanne. 1991. *The New Meaning of Educational Change* (2nd ed.) London, Cassell.
Giangreco, M.F., Cloninger, C., and Iverson, V.S. 1998. *Choosing Outcomes and Accommodations for Children. (COACH): A guide to planning inclusive education*. Baltimore, Paul H. Brookes Publishing CO.

17
Avaliação e reflexão

OBJETIVOS DO CAPÍTULO

Após a leitura deste capítulo, o leitor terá lidado com vários aspectos sobre a avaliação. Durante o capítulo, ele se familiarizará com:
- vários métodos de avaliação e a construção de uma política escolar sobre a avaliação;
- a importância da colaboração, da reflexão e da discussão sobre questões escolares, a fim de obter uma visão geral mais ampla, para definir e formar as atitudes das pessoas e obter conhecimento;
- diferentes pontos de vista sobre avaliação interna e externa;
- coleta sistemática de dados para definir necessidades, tomar decisões, avaliar progressos e confeccionar políticas;
- como refletir sobre a situação antes, durante e após um projeto.
- o treinamento na preparação de uma avaliação interna;
- a participação em observações de campo e a avaliação de seus resultados;
- como fazer listas de verificação.

RESULTADOS DO ESTUDO

Uma avaliação tem dois propósitos principais. Em primeiro lugar, ela fornece informações sobre a situação de certos aspectos do trabalho escolar e sobre a situação de determinados alunos ou de grupos de alunos que podem ser usadas para comparação antes e após um projeto. Em segundo lugar, uma avaliação fornece informações sobre que decisões devem ser tomadas sobre um projeto ou seu desenvolvimento. A integração da avaliação e do trabalho de desenvolvimento é uma maneira de introduzir novas oportunidades no ensino.

O estudo ETAI revelou que as escolas usam tanto a avaliação interna como a externa, especialmente a avaliação interna. Os professores observaram seu próprio trabalho e usaram vários métodos de avaliação, conforme apropriado. A freqüência da colaboração dos professores na reflexão foi extraordinária. Ela relacionou-se principalmente ao trabalho diário, mas também houve exemplos de colaboração com outros profissionais, dentro e fora da escola, especialmente pessoas do serviço de apoio. As seguintes questões-chave em relação à avaliação surgiram durante o projeto ETAI:

- As escolas precisam desenvolver uma política em relação à organização tanto da avaliação formal como da informal do trabalho escolar. Tal política inclui o propósito da avaliação, o que deve ser avaliado, os métodos de avaliação, a definição dos participantes, a definição das responsabilidades e um cronograma.
- Uma discussão freqüente e disciplinada entre os membros do pessoal parece reforçar o trabalho escolar. A reflexão sobre aspectos específicos do trabalho e sobre os métodos de trabalho dá ao pessoal mais segurança e coragem para lidar com novas tarefas e desenvolver procedimentos.
- Os próprios professores realizam uma avaliação interna a fim de melhorar o seu trabalho e o da escola. A avaliação interna pode cobrir a situação de alunos individuais, aspectos específicos do trabalho de aula ou do trabalho escolar como um todo. O trabalho desenvolvimentista e a avaliação interna são inseparáveis.
- A participação de partes externas na avaliação pode ajudar os membros do quadro de pessoal da escola a obter uma visão mais ampla e mais profunda de seu trabalho. A avaliação externa pode abrir a porta para métodos de trabalho, especialmente em conexão com a educação inclusiva e o ensino inclusivo. A participação de vários especialistas é tão importante quanto a dos pais, que são os especialistas nas necessidades pessoais de seus filhos.
- O uso de vários métodos de avaliação aumenta o valor do processo de avaliação e pode aumentar sua confiabilidade.
- A discussão entre os alunos sobre a avaliação do trabalho escolar e sobre sua própria situação reforça sua consciência sobre o valor do trabalho escolar e encoraja-os a assumir maior responsabilidade por sua educação.

IMPLEMENTAÇÃO

A avaliação tem duas funções principais. Ela fornece informações sobre o resultado de um determinado projeto e serve como base, dando direcionamento para o trabalho sendo desenvolvido dentro de uma escola. A avaliação da inclusão nas escolas segue os mesmos princípios da avaliação do trabalho escolar em geral. Ela deve ser democrática e requer a colaboração das partes envolvidas. Apesar de a avaliação ser importante, o quadro de pessoal da escola precisa lembrar-se de que o resultado de uma avaliação sempre se refere ao passado e, portanto, logo se torna obsoleto. Ao estabelecer um bom sistema de avaliação, uma escola assegura métodos de trabalho sistemáticos e um processo desenvolvimentista para o futuro. A avaliação e a reflexão constantes devem estar integradas ao trabalho do professor.

Este capítulo aborda os seguintes aspectos da avaliação:
- a elaboração de políticas sobre avaliação;
- a avaliação interna e externa;
- os métodos de avaliação;
- os processo de avaliação;
- a implementação de uma avaliação.

A elaboração de políticas

É importante para as escolas terem uma política sobre como o trabalho escolar deveria ser avaliado. Além disso, a escola precisa decidir sobre alguns padrões de qualidade. Uma escola somente pode saber se está indo bem se realizar avaliações sistemáticas e confrontar o resultado dessas avaliações com os padrões de qualidade existentes. Os seguintes fatores devem ser considerados ao se planejar uma política de avaliação: o objetivo da avaliação, os padrões de qualidade, o formato da avaliação, os métodos de avaliação, as precondições, o cronograma e a definição dos participantes. O diretor tem um importante papel de liderança no planejamento, assim como na organização geral do projeto.

Muitas escolas formam um grupo de especialistas de dentro da escola para assumir responsabilidade por confeccionar políticas sobre avaliação e lidar com a organização e a supervisão de sua implementação. O grupo define os objetivos e os valores da avaliação e que propósito ela deveria servir para o trabalho escolar. Essas questões terão de ser consideradas em vista dos objetivos e da política global da escola. Uma decisão então é tomada sobre como os vários aspectos podem ser avaliados, por exemplo, usando avaliação formal e informal, avaliação externa ou interna, etc. O método mais adequado de avaliação depende da natureza do aspecto examinado, mas provavelmente uma combinação de dois ou mais métodos será usado. Quando uma decisão foi tomada sobre a forma de avaliação, é necessário encontrar a maneira correta de avaliar os vários aspectos do trabalho. Isso pode ser feito, por exemplo, utilizando-se pesquisa de campo, listas de verificação, discussões, gravações em fitas, questionários, entrevistas, levantamentos e dados escritos de várias naturezas. É tomada uma decisão sobre quem participará do processo de avaliação e seus papéis são definidos. Eles podem incluir professores e outros membros do quadro de pessoal da escola, administradores, alunos, pais, um escritório educacional ou consultores externos. Nesse ponto, chega-se ao momento de planejar o processo de avaliação em si e de fazer-se um cronograma de implementação. Uma política de sistemas de avaliação, seu processo e sua conexão a outro trabalho dentro da escola deve ser definido no manual da escola, de forma que esteja sempre disponível ao pessoal novo.

Avaliação interna e externa

A reflexão freqüente de professores, pais e especialistas sobre a situação aumenta o valor do ensino, assim como do trabalho da turma e dá ao pessoal uma maior autoconfiança e coragem para aplicar novos métodos de trabalho e novas tarefas. A observação de uma questão sob vários pontos de vista aumenta o valor de uma avaliação sistemática. O aspecto mais visível do processo de avaliação é a coleta de dados. É importante reconhecer as vantagens, as desvantagens e as possibilidades dos vários métodos de avaliação. Durante a coleta de dados, é importante estar organizado, usar uma forma adequada de avaliação e, preferencialmente, usar mais de uma abordagem para obter resultados mais confiáveis. Porém, a coleta de dados não pode obscurecer outros aspectos do processo de avaliação. A avaliação externa é formal, mas a avaliação interna pode ser tanto formal quanto informal. Uma combinação de diferentes métodos deveria ser usada, dependendo da natureza da avaliação, mas, com bastante freqüência, métodos formais e informais são usados.

Avaliação interna

O principal objetivo de uma avaliação interna é obter informações que possam ser usadas para melhorar o trabalho escolar. Os professores e outros membros do quadro de pessoal da escola trabalham juntos na avaliação interna. As informações sobre aspectos específicos do trabalho escolar são reunidas sistematicamente, considerando que a escola pretende usar o resultado para mudar certos aspectos do trabalho escolar ou da situação de um indivíduo específico. Os professores geralmente realizam tal avaliação por si mesmos; fazem-na, por exemplo, sobre a situação e a implementação da inclusão dentro de uma sala de aula, sobre os métodos de ensino e o progresso dos alunos em diferentes níveis, etc. É importante levar em consideração as circunstâncias em torno de uma avaliação, assim como aqueles aspectos que devem ser avaliados. É uma boa idéia relacionar a observação de procedimentos dentro da sala de aula ao apoio dos pares. Nesse caso, os professores observam as aulas uns dos outros e avaliam aspectos previamente definidos; depois, os professores analisam os dados juntos e discutem possíveis soluções e reformas. A reflexão conjunta de professores sobre o seu trabalho, diariamente ou algumas vezes por semana, provou ser valiosa para reformas diárias e para concentrar o trabalho na sala de aula. Para observar o progresso de longo prazo de alunos individualmente, é necessário preparar planilhas sobre o progresso de cada aluno, onde os resultados de uma avaliação de uma disciplina ou problema específico são registrados. A planilha de progresso é um tipo de visão geral histórica dos resultados do aluno e, presumivelmente, mostra uma melhoria em seu processo educacional. Os métodos usados podem variar e podem ser tanto formais como informais.

Avaliação externa

A avaliação externa refere-se à avaliação realizada por pessoas fora da escola, por exemplo, por especialistas de repartições educacionais, pessoal universitário, outros especialistas externos ou pelos pais. O propósito de uma avaliação externa é determinar se vários aspectos da operação correspondem aos objetivos estabelecidos. Tal avaliação também é usada para comparação, seja dentro de uma instituição ou entre instituições. Ela também deve ter uma função supervisora. A avaliação externa pode parecer ameaçadora para os membros da escola, mas quando usada juntamente com a avaliação interna em colaboração com o pessoal, seus benefícios tornam-se mais óbvios. A avaliação externa envolve diferentes partes e freqüentemente apresenta-se na forma de questionários ou entrevistas.

Métodos de avaliação

Foi mencionado anteriormente que vários métodos podem ser usados para coletar dados. Nenhuma maneira é melhor ou mais segura do que outra. Porém, uma verificação cruzada é considerada um reforço no valor das informações adquiridas. Uma verificação cruzada envolve usar mais de uma maneira de obter informações sobre o mesmo incidente ou sobre o mesmo aspecto – ou usar apenas um método, mas perguntar para mais de uma pessoa envolvida. As respostas dos professores aos questionários seriam muito mais confiáveis se pudessem ser comparadas ao que os pais e os alunos têm a dizer sobre as mesmas questões. Além disso, uma avaliação sobre um determinado aluno é muito mais confiável se o aluno em questão é, ele mesmo, o entrevistado, se uma pesquisa de campo é realizada e se os dados por escrito da escola

sobre o aluno são examinados em relação a comparecimento a aulas, resultados acadêmicos ou currículos individuais. A seguir estão alguns exemplos de diferentes métodos de avaliação:
- As *listas de verificação* são um tipo de escrituração contábil. Elas são usadas, por exemplo, para avaliar a competência e o desempenho em certos campos ou para demonstrar a freqüência de certo comportamento, incluindo a forma de interação social.
- Os *questionários* são usados, com freqüência, para examinar as opiniões das pessoas sobre um assunto e são usados principalmente quando muitas pessoas são questionadas e o assunto precisa ser examinado de forma ampla. Eles fazem parte de uma avaliação formal e são usados freqüentemente durante avaliações externas. Apesar disso, também podem ser muito úteis para uma avaliação interna.
- O professor geralmente mantém um *registro diário*. Sugere-se que as anotações sejam tanto descritivas quanto analíticas e mostrem uma continuidade do trabalho ou o desenvolvimento de certos aspectos.
- As *gravações em fitas* são úteis para examinar o progresso durante um período maior de tempo e também para avaliar certos aspectos metafísicos, como comportamento, comunicação e outras formas de interação.
- *Documentos por escrito disponíveis na escola.* Se a decisão for utilizá-los como material avaliativo, aspectos previamente definidos precisam ser sistematicamente identificados. Do contrário, certos aspectos deveriam ser definidos após os dados terem sido inteiramente analisados. Os documentos geralmente são usados junto com outros tipos de dados, a fim de examinar o processo de longo prazo, para obter uma visão geral ampla, para monitorar o progresso e para examinar o conhecimento histórico. Dados desse tipo podem incluir: currículos educacionais e de ensino, resultados acadêmicos, boletins escolares e registros diários.
- *Entrevistas* são usadas para obter-se informações de um grupo selecionado de pessoas. Esse método é adequado quando uma questão bem-definida deve ser examinada em profundidade e quando questões subjetivas devem ser observadas; por exemplo, as atitudes e as emoções de indivíduos.
- A *pesquisa de campo* geralmente é realizada a fim de obter-se informações sobre o estudo, o ensino, a interação e as relações sociais dentro de uma turma. A pesquisa tanto pode ser aberta, para se obter uma visão geral do trabalho da turma como um todo, como pode envolver o exame de aspectos previamente determinados.
- A *reflexão* inclui a avaliação da situação, a deliberação, a resolução de problemas e vários pensamentos. Tudo isso ajuda o pessoal da escola a entender o ponto de vista de outros sobre certas questões. A reflexão tem por objetivo aumentar a compreensão dos grupos sobre a discipli-

na em questão, analisar a situação, avaliar as necessidades, coordenar pontos de vista e encontrar soluções, fazer planos e discutir sua implementação.

Um exemplo de avaliação é um estudo de um caderno diário, que é utilizado pelos professores e pais de um determinado aluno. A investigação concentra-se em atividades cooperativas, na interação social fora da escola, em sentimentos, e em quem usa o caderno. A análise poderia conduzir à seguinte tabela:

Análise de um caderno

Tipos de anotações	Set.	Out.	Nov.	Dez.
Comentários sobre a colaboração dos alunos	8	5	2	3
Os colegas visitam o aluno em casa	4	13	6	6
Sentimentos positivos	6	8	2	0
Sentimentos negativos	0	1	2	0
Anotações escritas por				
Professores de turma/disciplina (11 ao todo)	1	1	0	1
Professores de apoio (4 ao todo)	29	42	39	20
Pais	17	17	17	11

O resumo final exige alguma reflexão. A abordagem pode estar na falta de intervenção dos professores de turma e de disciplina por um lado, e na intervenção ativa dos professores de apoio de outro lado. As poucas ocasiões que os alunos têm para colaboração também podem exigir alguma consideração. É bastante provável que a análise exija uma reunião entre os professores, os pais e outros envolvidos. Os participantes podem desejar pedir mais informações, planejar melhorias, concordar em mudar de política e/ou pedir atividades para o desenvolvimento do pessoal para aumentar a participação e a responsabilidade dos professores de turma e de disciplina.

Processos de avaliação

Um processo de avaliação é conduzido ou pelos próprios professores, ou por consultores ou por grupos colaborativos, incluindo professores, pais e consultores. A vantagem de os próprios professores liderarem o processo de avaliação e de os consultores auxiliarem em aspectos específicos é que a responsabilidade permanece nas mãos dos professores.

A avaliação pode ser realizada em cada etapa e em cada aspecto do trabalho escolar. Por exemplo, os seguintes aspectos poderiam estar sujeitos a avaliação: a preparação para a educação escolar, a necessidade de treinamento adicional dos professores, as habilidades sociais dos alunos, a forma de comunicação e interação dos alunos, o ensino em equipe e a preparação dos alunos para a vida após a escola. As experiências revelam que um envolvimento ativo do aluno no processo de avaliação pode aumentar seu senso de responsabilidade, influenciar sua atitude e aumentar sua independência. O mesmo pode ser dito sobre o envolvimento parental responsável. Se os pais têm um papel ativo no desenvolvimento e na avaliação, isso dá à escola uma compreensão mais ampla e mais profunda do trabalho escolar e conduz a mudanças que, de outra forma, poderiam não acontecer.

A definição de necessidades como um critério para a tomada de decisões requer muita análise de discussões e uma colaboração extensiva entre as partes envolvidas. Em primeiro lugar, um grupo de trabalho define os assuntos em questão, assim como discute o ponto de vista da escola e a atitude geral dentro da escola. Então, o grupo compara esses a pontos de vista e a atitudes desejáveis. É muito importante, nesta etapa, discutir as questões. As perguntas principais poderiam incluir: que tipo de informações de segundo plano nós precisamos? Quais são as atitudes em relação ao projeto? Quais aspectos desejamos desenvolver? Como vamos atingir nossos objetivos? Como a avaliação deveria ser realizada – métodos, cronograma, treinamento? Onde conseguiremos ajuda? Como deveríamos avaliar o progresso? Após examinar os dados, o grupo define a importância de cada aspecto que surgiu durante o exame de dados e prioriza esses aspectos – o que precisa ser feito imediatamente e o que pode ou deve esperar?

Um plano sobre a implementação da avaliação deveria incluir decisões sobre formato e métodos, programas de trabalho, identificação dos participantes, cronograma e, não esquecendo, uma definição para critério de qualidade. Quando os resultados de uma avaliação estiverem prontos, eles precisam ser interpretados para se descobrir o que realmente dizem sobre o trabalho escolar. Se a avaliação foi extensiva, é provável que ela revele tanto aspectos conhecidos como questões inesperadas. Os resultados da avaliação são a base para a revisão de vários aspectos do processo educacional, tanto em relação a desenvolvimento quanto a mudanças. O procedimento de avaliação é, então, circular, e pretende promover uma reconsideração e uma reforma críticas.

A seção acima abordou a avaliação em termos bastante gerais. O objetivo de uma avaliação não é apenas julgar o que está "certo" ou "errado". Ela também serve para analisar uma situação, definir novas possibilidades, papéis e métodos e determinar se a avaliação refere-se à escola como um todo, a apenas aspectos específicos do trabalho escolar ou ao desenvolvimento de procedimentos para grupos de professores, alunos ou alunos individualmente. Espera-se que os membros do quadro de pessoal da escola sejam capazes de fazer uso do conteúdo deste capítulo e de aplicá-lo a diferentes circunstâncias, seja se estiverem lidando com a avaliação dos resultados dos alunos, do procedimento escolar ou da auto-avaliação individual.

ATIVIDADES

As seguintes atividades são especialmente destinadas aos membros do quadro de pessoal de uma escola, mas também são importantes para os pais, especialistas, professores de alunos e outros envolvidos na avaliação de práticas escolares. Seu propósito é dar aos participante a prática no uso do processo de avaliação em vários níveis. Espera-se que os participantes usem as tarefas em situações reais dentro de uma escola que passa por reformas. Os participantes são aconselhados a se familiarizar com o conteúdo das seções acima antes de concluir as tarefas.

Definição das necessidades no início de um projeto de desenvolvimento

Nesta tarefa, espera-se que o grupo de colaboração discuta a situação atual de uma questão específica, incluindo que mudanças eles acham necessárias e como essas mudanças devem ser implementadas. A avaliação tem início com uma discussão e o registro das informações. As decisões são então tomadas em relação aos primeiros passos do processo e os métodos de avaliação mais adequados para a coleta de dados. (80 minutos)

Plano de avaliação

Esta atividade consiste na preparação de um plano de avaliação, incluindo aspectos como a definição do objetivo da avaliação, a decisão sobre o formato, os métodos e os auxílios a serem usados, a preparação de um cronograma e a distribuição de tarefas. Ao preparar o cronograma, uma discussão é um primeiro passo importante e todos os envolvidos precisarão ter uma parte ativa no planejamento. (60 minutos)

Estudo observacional

Esta atividade requer que os participantes reúnam informações no local. Um ou mais alunos são observados durante as aulas e os intervalos. O mesmo formato pode ser usado sob diferentes circunstâncias com critérios alterados. (30 + 40 minutos)

Implementação da avaliação de uma etapa

A atividade formula perguntas direcionadas a avaliar a reforma após a conclusão de uma determinada etapa. O grupo responde às perguntas da forma mais objetiva possível, por exemplo, citando resultados formais. (30 minutos)

Reflexão sobre o trabalho em grupo

A atividade inclui vários aspectos considerados importantes para a colaboração. Os membros do grupo devem avaliar individualmente a funcionalidade do grupo, mas então o grupo revisa os resultados junto e determina que lição pode ser aprendida da colaboração. (40 minutos)

Reflexão sobre o ensino

Esta atividade convida os professores a refletir sobre seus estilos de ensino. No início, eles refletem individualmente sobre sua prática. Então, reúnem-se em grupo com os colegas, comparam suas respostas e escolhem questões que diferiram nas listas. Juntos eles discutem os efeitos que as várias abordagens realmente tiveram sobre os alunos. (60 minutos)

Reflexão sobre a interação social

Individualmente, vários professores refletem sobre como eles se comunicam com os alunos e a situação de colaboração com os pais. Eles marcam na lista de verificação. Depois, eles comparam as listas de verificação e discutem como grupo que questões precisam ser reforçadas. Os professores então marcam de forma anônima e discutem o resultado em relação à situação na escola em geral e como eles gostariam que a escola formasse uma política sobre a questão. (60 minutos)

Reflexão sobre uma lição

Os professores são encorajados aqui a avaliar criticamente quão realistas são seus planos. Essa atividade convida-os a estudar uma lição a cada vez. Eles anotam os objetivos desejados, tomam notas sobre como pretendem atingir os objetivos. Imediatamente após a lição, eles tomam notas sobre a lição e logo após eles tiram tempo para refletir mais profundamente sobre a prática. (20 + 10 + 30 minutos)

Definição de necessidades no início de um projeto   80 minutos

Exemplo:

Tarefa: *Colaboração dos pais*			
Informações disponíveis	Dados disponíveis	Informações que precisam ser reunidas	Como as informações serão reunidas
Pequena colaboração dos pais. Pouca comunicação entre os pais. Os representantes dos pais não são muito ativos.	Guia curricular nacional. Currículo escolar. Atas de reuniões. Boletim.	O que pode ser feito para aumentar a colaboração dos pais? Em que a colaboração deveria contribuir para o trabalho escolar? O que a colaboração dos pais significa para os alunos? O que os pais querem fazer a esse respeito?	Escutar o ponto de vista dos pais; entrevistas individuais; começar uma discussão numa reunião de pais. Grupos de alunos discutem seus pontos de vista sobre a colaboração dos pais.

Primeiro passo

Escolher um tópico ou um assunto em que você vai trabalhar e avaliar. Anotar o que você sabe sobre a situação do tópico/assunto, que dados estão disponíveis sobre ele e que tipo de informações o grupo precisa reunir antes de começar.			
Tarefa:			
Informações disponíveis	Dados disponíveis	Informações que precisam ser reunidas	Como as informações serão reunidas

Segundo passo

Fazer um plano sobre como você reunirá as informações necessárias para avaliar a situação do projeto em andamento.			
Métodos de reunir informações	Dados	Quem realiza?	Quando disponível?
–			
–			
–			
–			
–			
–			

Terceiro passo

> O grupo toma a decisão baseado nas informações disponíveis sobre como o projeto deveria ser implementado e cria um plano de implementação.

Plano de avaliação   60 minutos

Escola: _____
Cronometragem _____
Fatores de avaliação: _____
Participantes: _____

Aspectos	Descrição	Período de tempo
Objetivo da avaliação		
Forma de avaliação		
Métodos de avaliação		
Auxílios/recursos		
Divisão de tarefas		
Avaliação final do resultado		
Outros comentários		

Estudo observacional   40 + 40 minutos

A. O objetivo deste estudo observacional é examinar como um ou mais alunos passa seu tempo em sala de aula e durante os intervalos. A cada três minutos, o observador observa o comportamento do aluno e insere o número adequado na planilha (ver tabela abaixo). A análise dos dados pode ser representada na forma de um histograma.

Na sala de aula[1]

Nomes dos alunos	3º min.	6º min.	9º min.	12º min.	15º min.	18º min.	21º min.	24º min.	27º min.	30º min.

---

[1] Hopkins, David, 1992.

Registro:
1. Resolver tarefas educacionais.
2. Falar sobre algo não-relacionado ao trabalho em sala de aula.
3. Rabiscar ou remexer em coisas em sua escrivaninha.
4. Perambular pela sala de aula.
5. Trabalhar em outras atividades.
6. Perturbar outros alunos.
7. Chamar a atenção fazendo barulhos ou através de seu comportamento.
8. Envolver-se em outras atividades, como apontar o lápis, beber água, ir ao banheiro, etc.
9. Outras.
10. Um comentário especial.

Resultados:

Mudanças necessárias:

Estudo observacional

B. O objetivo dessa tarefa é examinar como um ou mais alunos passam seu tempo na sala de aula e durante o intervalo. A cada três minutos, o observador anota o comportamento do aluno e insere o número apropriado na planilha (ver a tabela abaixo). A análise dos dados pode ser representada na forma de um histograma.

Nomes dos alunos	3º min.	6º min.	9º min.	12º min.	15º min.	18º min.	21º min.	24º min.	27º min.	30º min.

Durante o intervalo
Registro:
1. Participação em uma brincadeira de grupo.
2. Brincar com um ou alguns colegas.
3. Brincar sozinho.
4. Perambular sem destino.
5. Incomodar outros alunos.
6. Brigar.
7. Ser importunado.
8. Ser submetido à violência.
9. Recorrer à violência.
10. Outros.

Resultados:

Mudanças necessárias:

Implementação da avaliação de uma etapa

Escolher uma atividade que vocês concluíram recentemente e avaliar seu resultado, quão bem-sucedida foi a colaboração e quão valiosa a atividade foi para a escola.

Avaliação final do projeto – Como foi?

Fatores de avaliação	Sim	Não	Referência a dados	Decisão sobre continuação
O projeto				
O projeto refletiu as necessidades da escola?				
A preparação foi bem-organizada e suficiente?				
Até que ponto os objetivos foram atingidos?				
Quais foram os principais pontos fortes do projeto?				
Quais foram os principais pontos fracos do projeto?				
O projeto teve valor para a escola?				
Olhando em retrospecto, que mudanças seriam necessárias?				
A colaboração				
Você está satisfeito com a qualidade da colaboração?				
Os colaboradores participaram ativamente?				
Os participantes obtiveram encorajamento e *feedback*?				
Valor				
O projeto ajudou os participantes a realizar mudanças?				
A eficiência desejada foi obtida?				
Vocês obtiveram resultados inesperados, positivos ou negativos na implementação do projeto? O projeto satisfez as necessidades dos alunos?				
O projeto estava ligado a outros aspectos do trabalho escolar?				

Reflexão de grupo de trabalho 40 minutos

Esta atividade deveria ser completada após o grupo ter terminado sua tarefa. Seu objetivo é avaliar a capacidade do grupo de trabalhar junto. Todos os membros trabalham na atividade, a qual é dividida em três partes.

Primeiro passo

	-1	2	3	+ 4
Avaliação individual do trabalho em grupo. Um grupo tem trabalhado em uma determinada tarefa. Cada participante faz a seguinte observação sobre a capacidade do grupo em geral. 1 significa *até um ponto muito limitado*. 4 significa *em grande parte*.				
As informações necessárias estavam disponíveis ou estavam definidas.				
As diferentes opiniões dos membros do grupo foram valorizadas e despertaram discussão.				
A discussão dentro do grupo for recompensadora e resultou em progresso positivo em relação a alguns aspectos do projeto.				
Cada membro do grupo teve oportunidade de expressar suas opiniões e influenciar o progresso do projeto.				
Todos os membros do grupo foram ativos na discussão da organização e da implementação do projeto.				
A discussão foi sistemática e levou a uma conclusão.				
Os indivíduos também foram participantes ativos no trabalho em grupo quando surgiram problemas na colaboração.				
Foi feita uma tentativa de chegar-se a uma conclusão conjunta antes de tomar-se uma decisão.				
Os participantes obtiveram conhecimento e uma visão mais clara do assunto em discussão no grupo.				

Você gostaria de mencionar alguma outra coisa sobre o trabalho em grupo?

Segundo passo

O grupo examina os resultados, compara-os e discute-os com relação a possíveis influências sobre maior colaboração. Listar três coisas que precisam de melhorias para maior colaboração.

Terceiro passo

Listar pelo menos três coisas que você aprendeu a partir da colaboração.
1.
2.
3.

Reflexão sobre o ensino

Avaliação individual do próprio ensino de um professor acompanhada por uma comparação com colegas.

Primeiro passo Um(a) professor(a) avalia seus próprios procedimentos.

Organização de currículos e ensino	Sim	Não	Comentário
Meus alunos têm necessidades diferentes.			
Eu apresento-lhes várias possibilidades e dou-lhes diferentes tarefas, de acordo com sua situação.			
Eu uso as experiências de meus alunos ao introduzir novos conhecimentos.			
Eu encorajo os alunos a discutirem problemas e a buscar soluções.			
Eu tento conectar vários assuntos entre si.			
Eu tento fazer os alunos entenderem o propósito de estudar os vários assuntos.			
Eu enfatizo a intensificação do respeito dos alunos por grupos minoritários e atitudes positivas em relação a eles.			
Eu uso diferentes métodos de ensino, como aulas expositivas, trabalho em grupo e instrução individualizada.			
Eu encorajo os alunos a assumirem responsabilidade por seus estudos e métodos de estudo.			
Eu crio uma estrutura interessante para o estudo.			
Eu planejo projetos cuidadosamente a fim de usar o tempo dos alunos da forma mais eficiente possível.			
Eu uso vários métodos de ensino, o que dá aos alunos uma oportunidade de adquirir habilidades e conhecimento relacionados a seu nível de maturidade.			

Segundo passo

Com um colega que também tenha preenchido o formulário, discutir os resultados. Depois, listar pelo menos três coisas que diferiram em seus resultados e que efeito/valor os resultados diferentes tiveram para os alunos.

Resultados diferentes: Efeito sobre os alunos:

1.
2.
3.

Reflexão sobre a interação social　　　　　　　　　　60 minutos
Primeiro passo

Auto-avaliação para reflexão individual e/ou para comparar com um colega. A atividade é dividida em duas partes: a avaliação dos currículos e a avaliação de relações sociais e colaboração dos pais. Individualmente, os professores avaliam seus próprios procedimentos.

Comunicação	Sim	Não	Comentário
Ao comunicar-me com meus alunos, eu tento:			
– aumentar sua autoconfiança e encorajá-los a estudar.			
– descobrir as necessidades individuais de cada aluno, por exemplo, através de conversas, de questionamentos, etc.			
– ser um modelo para meus alunos, por exemplo, sendo pontual, educado e demonstrando respeito.			
– ser um bom ouvinte.			
Colaboração dos pais	Sim	Não	Comentário
Eu organizo reuniões de colaboração/informações com os pais.			
Eu contato regularmente os pais sem uma razão específica.			
Eu convido os pais a visitarem e a auxiliarem no trabalho em sala de aula.			
Eu desejo a participação dos pais na avaliação do trabalho.			
Eu encorajo grupos organizados de amigos.			

Segundo passo

Em pares, comparar os resultados. Discutir pelo menos três resultados diferentes daqueles de seus colegas e que efeito os sete valores tem sobre/para os alunos.

Reflexão sobre uma aula 20 + 10 + 30 minutos

Individualmente ou em pares, os professores trabalham com essa atividade antes, durante e após a implementação. Você poderá usar este formulário para uma aula ou um projeto. Anote o que você planeja fazer, tome algumas notas imediatamente após a aula e, finalmente, reserve algum tempo logo após e ou reflita sobre a implementação. Anote pelo menos dois aspectos que você deseja repetir e dois que você prefere evitar.

Lista de objetivos e tarefas	Antes	Durante a implementação	Após a aula
Exemplos:	Descreva como você pretende implementar?	O que aconteceu durante a implementação?	Como foi a implementação? Reflexão
Estabelecimento de um objetivo geral para o grupo.			
Estabelecimento de objetivos individuais para alunos específicos.			
Dando aos alunos uma escola parcial de tarefas.			
Conversando com tantos alunos quanto possível pessoalmente.			
Elogiando os alunos por seu trabalho.			
O que eu aprendi?			
Aspectos positivos: Aspectos a evitar:			

LEITURA RECOMENDADA

Harding J og Meldon Smith. 1999. *How to make Observations and Assessments.* Bath, The Bath Press.
Hopkins, David. 1989. *Evaluation for School Development.* Milton Keynes: Open University Press.
Hopkins, David. 1985. A Teacher's Guide to Classroom Research. Milton Keynes, Open University Press.
Horsley, S og L. Hergert. 1985. *An Action Guide to School Improvment.* Alecandria, ASCD Publication
Moyles, J. 1989. *Self-evaluation - A Primary Teachers Guide.* Windsor, NFER Nelson
Sanders, J.R. 1992. *Evaluating School Programs. An Educator's Guide.* Newbury Park: Corwin Press

18

Serviços de apoio

OBJETIVOS DO CAPÍTULO

Após a leitura deste capítulo e do trabalho com as atividades, você estava familiarizado com os seguintes aspectos dos serviços de apoio:
- a diferença entre a abordagem clínica e a abordagem colaborativa;
- o duplo papel dos serviços de apoio; avaliar as necessidades dos alunos e apoiar os professores;
- como os especialistas de diferentes históricos colaboram para qualificar as escolas a fim de cuidar de alunos com necessidades diversas;
- o processo e a cronometragem de intervenção pelos serviços de apoio;
- a importância de coordenar as atividades e a participação do apoio do pessoal de vários alunos na vida diária em sala de aula.

RESULTADOS DO ESTUDO

Os serviços de apoio tiveram um papel importante dentro das escolas do estudo ETAI. Uma característica geral dos serviços de apoio nas escolas observadas é que eles adotaram uma postura colaborativa e trabalharam de maneira coordenada com os professores a fim de criar o conhecimento compartilhado necessário para enfrentar os vários desafios que a inclusão apresenta. Em algumas das escolas, os especialistas externos trabalharam com a escola como um todo, em outros casos eles trabalharam principalmente com alguns professores.

O serviço de apoio consiste nesse contexto de todos os especialistas externos que, a qualquer momento, trabalham com a escola. No estudo ETAI, eles pertenciam a uma ampla gama de especialidades: fonoaudiólogos, psiquiatras, terapeutas ocupacionais, fisioterapeutas e assistentes sociais.

- Uma das condições para uma educação inclusiva bem-sucedida é o acesso a especialistas que tenham o conhecimento e a experiência para apoiar os professores no exigente papel de atender a todos os alunos.
- O papel dos serviços de apoio é dividido em três partes. Elas constroem a ponte entre diferentes níveis de educação escolar, avaliam e consultam.
- A consulta e a colaboração são baseadas na qualidade, na análise conjunta de necessidades e de problemas e na busca por uma solução conjunta. Essa abordagem fornece aos professores comuns o conhecimento específico que lhes possibilitará assumir a responsabilidade pelas necessidades especiais dos alunos.
- Em todas as escolas nesse estudo, os profissionais dos serviços de apoio trabalharam no mesmo nível que os professores e, em nenhum caso, eles estabeleceram-se em uma posição superior.
- A coordenação é essencial entre as equipes de apoio internas e externas à escola e, para sua coordenação, sucessivamente, com a comunidade educacional. A necessidade de uma coordenação firme e clara aumenta com o número de pessoas trabalhando juntas.

IMPLEMENTAÇÃO

Este capítulo examina uma abordagem que sustenta a eficiência e o envolvimento dos serviços de apoio na construção de escolas efetivas. É realizada uma viagem pela mudança na metodologia e nos objetivos da intervenção em relação aos alunos terem necessidades especiais, e uma análise é oferecida do papel facilitador que as políticas educacionais atuais têm, assim como dos novos papéis que os professores em sala de aula estão assumindo quanto à nova orientação em educação especial.

Tradicionalmente, o trabalho realizado pelos diferentes especialistas em serviços de apoio tem tido uma abordagem clínica; uma grande parte de sua tarefa consistia em dar atenção às solicitações por intervenção direta em relação a alunos que apresentavam algum tipo de dificuldade. Essa atenção muito freqüentemente complementava a dedicação individualizada dada a tais alunos pelo professor de educação especial fora do contexto da educação integradora e, algumas vezes, fora do contexto escolar.

As limitações do modelo individual levaram o conceito de integração a sofrer em relevância, e levantaram uma tendência a colocar ênfase na inclusão, um termo que abarca o desejo de reestruturar o programa das escolas de modo a ajudar a atender a diversidade dos alunos.

Os seguintes aspectos dos serviços de apoio serão cobertos neste capítulo:
- modelos de intervenção;
- áreas de intervenção;
- formas de intervenção;
- cronograma da intervenção;
- coordenação entre serviços de apoio.

Modelos de intervenção

O caminho para a inclusão começou por muitas escolas questionando o papel e o trabalho desenvolvido por serviços de apoio durante décadas de integração de alunos com necessidades especiais nas escolas integradoras. As principais críticas concentram-se no fato de que muitos profissionais dos serviços de apoio trabalhavam sozinhos quando tentavam responder às necessidades dos alunos. Eles trabalhavam fora de contexto com indivíduos, sem levar em conta o ambiente comum de aprendizagem escolar, ou a experiência dos professores das escolas integradoras que cuidam de todos os alunos nessas escolas.

Isso contribuiu para manter uma divisão artificial entre os professores e os serviços de apoio. Os serviços de apoio guardaram para si mesmos o conhecimento específico, a especialização e o poder de trabalhar com alunos deficientes, enquanto os professores nas escolas integradoras viram a si mesmos aliviados de sua responsabilidade. Isso fez com que não desenvolvessem as habilidades profissionais necessárias.

Dessa forma, a segregação institucionalizada da primeira parte do século XX foi reproduzida, dessa vez dentro de escolas comuns. A rede de serviços de apoio constitui-se em alguns casos, de educação escolar paralela segregada.

As diferentes formas de organização de ensino em escolas inclusivas resultaram em serviços de apoio que evitam essa educação escolar paralela. Os professores e os serviços de apoio, juntamente com as famílias, adotaram maneiras de trabalhar baseadas em colaboração, reconhecimento da experiência mútua e ajuste caracterizados por:
- levar em consideração o contexto da turma, do pátio da escola, do refeitório e das atividades sociais fora da escola;
- examinar o ensino e os fatores de aprendizagem, em vez da natureza das deficiências;
- centralizar a intervenção na resolução de problemas concretos no contexto em que eles surgirem;
- procurar por estratégias que os professores possam usar, em vez de programas específicos para os alunos;

- procurar por soluções baseadas na adaptação de ambientes e na proposta de apoio adequado para satisfazer às necessidades de todos os alunos, em vez da integração de determinados alunos;
- tentar aumentar as possibilidades de participação de todos os alunos com necessidades especiais em todas as esferas da escola e da vida social;
- atingir objetivos referentes ao aumento da qualidade de vida dos alunos, em vez de objetivos de restrito caráter acadêmico.

Áreas de intervenção

Os especialistas em serviços de apoio têm perfis profissionais muito diferentes como resultado de seu treinamento e experiência de trabalho e pertencem tanto a círculos educacionais como a círculos sociais ou da saúde. Entre esses profissionais, encontram-se pedagogos, psicólogos, psiquiatras, fonoaudiólogos, fisioterapeutas, terapeutas ocupacionais e assistentes sociais.

Por um lado, o fato de que a educação escolar é fornecida para os alunos com necessidades especiais provenientes de deficiências específicas (ou seja, auditivas, motoras ou psicológicas) significa que essas escolas devem ser capazes de contar com profissionais que tenham conhecimento e experiência com essas deficiências a fim de responder de maneira correta. Também encontramos alguns que sofrem desvantagem social e cultural, e esses alunos freqüentemente se ausentam da escola. Portanto, as escolas precisam de profissionais qualificados que forneçam apoio nas tarefas de identificação, intervenção e orientação através de técnicas, procedimentos e ferramentas que requerem especialização de natureza psicológica e pedagógica.

Em relação à intervenção realizada por serviços de apoio, podemos dividi-la em duas esferas: uma direcionada aos alunos com algum tipo de necessidade especial, e a outra às pessoas que atendem essas crianças. Essa última acontece porque elas próprias precisam realizar intervenções e fazer uso de várias estratégias referentes à organização do material e dos recursos pessoais que possuem.

O primeiro tipo de intervenção poderia estar relacionado aos serviços de apoio mais especializados, cujos membros geralmente pertencem ao setor da saúde e que, na maioria dos casos, realizam um tipo individual de intervenção. Esses são quase sempre profissionais externos à escola. O segundo tipo de intervenção mencionado geralmente é realizado por equipes multidisciplinares, constituídas por psicólogos, por pedagogos e por assistentes sociais que atendem pré-escolas e escolas obrigatórias.

Formas de intervenção

É feita uma distinção entre os especialistas que geralmente realizam uma intervenção direta em relação aos alunos e uma intervenção na forma de consulta.

Serviços de intervenção direta

Com freqüência, professores de alunos com necessidades especiais em escolas integradoras dedicam sua atenção apenas aos alunos que manifestam algum tipo de necessidade especial. Essa intervenção geralmente é feita de forma descontextualizada com relação ao espaço físico, cronograma e o material trabalhado. As escolas preparam uma área (a sala de aula para educação especial) na qual o especialista dedica-se a atender esses alunos um após o outro, seja em pequenos grupos ou individualmente. Essas sessões têm a finalidade de reforçar habilidades básicas, freqüentemente paralelas aos objetivos que foram estabelecidos para a turma como um todo ou com o trabalho que é realizado na sala de aula.

Para ser bem-sucedido, o serviço de intervenção direta precisa ser planejado e coordenado com outro pessoal de ensino. A coordenação será decisiva na prevenção dessas práticas de segregação dos alunos de seus companheiros, e sim para apoiar o processo de aprendizagem da turma toda.

Serviços de consulta

Uma boa parte do trabalho feito por profissionais consultores gira em torno da avaliação de alunos com deficiências ou dificuldades de aprendizagem importantes, envolvendo a coleta de informações feita pelos professores, por outros especialistas e pelos pais. Com base nessas informações são feitas adaptações curriculares individuais. Essas têm por objetivo integrar todas as propostas de ação realizadas em todas as outras atividades que o aluno irá desempenhar durante o ano escolar. Isso inclui decisões curriculares, assim como outras que afetam o tipo e o grau de apoio específico para o aluno. A adaptação curricular, que é continuamente revisada durante todo o curso, deveria prever com que freqüência os serviços de apoio participam do acompanhamento do aluno, tendo em mente as características, o tipo de adaptação e o grau de especificidade do apoio.

Ao revisar os planos de trabalho, os quais cada especialista compõe em colaboração com a escola, as ações que recebem prioridade são aquelas que possuem objetivos de treinamento. Alguns exemplos são a coordenação de reuniões de professores, a colaboração no desenvolvimento da avaliação interna e a coordenação da escola em projetos relacionados à educação efetiva.

A intervenção de equipes de avaliação em relação a essa questão de treinamento está entre aquelas mais valorizadas pelo quadro de pessoal da escola, quando as equipes fornecem *feedback* sobre o trabalho em grupo, oferecem documentação, fazem críticas construtivas e diretrizes para reflexão e fornecem apoio emocional para a equipe de professores, principalmente em momentos desencorajadores. O fato de que elas são externas à escola torna mais fácil para elas terem um ponto de vista mais distante e objetivo e, ao mesmo tempo, permite que a escola faça um contraste entre sua experiência e as de outras escolas.

Cronograma da intervenção

As equipes de consulta participam do processo de identificação de crianças com necessidades educacionais especiais por meio de contatos com pré-escolas, centros de cuidados primários e com outras instituições sociais e/ou educacionais associadas a essas crianças e suas famílias.

Subseqüentemente, os professores, os especialistas, a família e os profissionais dessas equipes compõem de forma conjunta um programa para facilitar a adaptação desses novos alunos ao ambiente escolar. Eles o fazem a partir de uma perspectiva curricular, mas colocam considerável ênfase em questões sociais.

A participação no processo anterior à educação escolar de alunos com necessidades especiais é uma das questões mais valorizadas por aqueles que participam do processo educacional: professores, família e especialistas envolvidos. O monitoramento desses alunos é exercido em estreita colaboração com as famílias e com outros que atendem essas crianças. Previamente à educação escolar, a primeira atividade consiste em fazer uma avaliação por meio de vários procedimentos sem que sejam levados em conta considerações educacionais, sociais e de saúde.

No caso de alunos com necessidades graves, a preparação para a escola precisa começar pelo menos um ano antes do início do ano escolar. Nesse período, os serviços de apoio concentram sua intervenção de duas maneiras: a primeira, consiste em fornecer conhecimento a tutores de turma sobre as necessidades específicas de um aluno e de seus interesses e habilidades; segunda, em fornecer informações sobre a assistência técnica que esse aluno precisa para adaptação das atividades executadas nas salas de aula das escolas integradoras. Em ambos os casos, isso é feito com a participação dos pais e dos professores da pré-escola.

Enquanto os especialistas do serviço de intervenção direta orientam os professores sobre as características de um aluno e o auxílio mais adequado a ele, os especialistas do serviço de consultoria coordenam atividades dentro da escola, ao mesmo tempo em que ajudam a estabelecer um vínculo entre o jardim de infância e a escola.

Em todo o processo de educação escolar, o papel da gestão escolar como promotora e criadora de um dinamismo é considerado fundamental em relação às mudanças requeridas para a melhoria das práticas educacionais.

Coordenação entre os serviços de apoio

Em uma escola inclusiva, nós falaríamos de uma intervenção efetiva da parte dos serviços de apoio quando os vários especialistas envolvidos trabalhassem de forma colaborativa e em conjunto com a equipe de ensino e com as famílias.

Para ser capaz de realizar práticas efetivas em relação aos alunos que manifestam algum tipo de necessidade educacional e/ou impedimento na aprendizagem e que, ao mesmo tempo, têm um efeito sobre a turma e a própria escola, é necessário que as ações dos especialistas do serviço de apoio sejam auxiliados pela coordenação entre os profissionais envolvidos, sejam esses internos ou externos à escola.

Os especialistas que formam os serviços de apoio têm, por causa de seu treinamento e de sua experiência de trabalho, perfis profissionais muito diferentes, e pertencem tanto a círculos educacionais e sociais como a círculos de saúde.

Ao mesmo tempo, as escolas necessitam de profissionais qualificados que lhes dêem apoio nas tarefas de identificação, intervenção e orientação, por meio de técnicas, procedimentos e ferramentas que requerem uma especialização de natureza psicológica e pedagógica. Para que essas práticas possam ser realizadas, um dos principais pontos a se ter em mente é a colaboração e a coordenação de todos os agentes participantes no processo e de todos os serviços de apoio externo.

Em alguns casos, essa relação entre as equipes de ensino e os especialistas externos é tão próxima que os últimos terminam assimilando e incorporando-se à própria equipe da escola, que age de forma integrada. Essa integração freqüentemente facilita a aquisição de novas competências por parte de professores comuns.

ATIVIDADES

As seguintes atividades ilustram algumas das idéias que foram expressas em relação aos serviços de apoio dentro da estrutura da escola inclusiva. Todas as atividades sugeridas devem ser realizadas por professores em conjunto com um especialista em psicologia ou em outra área. A participação desses especialistas é considerada um facilitador à discussão e reflexão e um contribuidor de materiais e informações relevantes.

Portanto, não é uma questão de responder a necessidades, mas de fazer o especialista contribuir com sua especialização profissional e técnica a fim de ajudar a escola a progredir por meio da reflexão comum, partindo do conhecimento do pessoal de ensino e da própria estrutura da escola.

Analisando necessidades.

A primeira atividade convida os professores, em conjunto com os consultores, a refletir sobre tarefas que eles estão realizando a fim de atender aos alunos com necessidades educacionais especiais. Os grupos refletem sobre intervenções bem-sucedidas e dificuldades na implementação. De forma colaborativa, eles encontram soluções e compartilham-nas.

Avaliando a intervenção dos serviços de apoio.

Esta atividade convida os professores a refletir sobre as abordagens que os consultores usam em seu trabalho com as escolas e os alunos. É uma coisa para o consultor, agir como o especialista que resolve individualmente os casos que impõem alguma dificuldade, apresentados a ele pelos professores, e outra coisa bem diferente é o professor e o consultor atravessarem o processo juntos. O primeiro sendo o verdadeiro conhecedor da situação em questão, e o último aproveitando-se das ferramentas para promover a ação.

Esclarecendo papéis.

A terceira atividade concentra-se na colaboração dentro de um grupo de professores junto com consultores e especialistas. Eles discutem os critérios para sua colaboração, o modo como irão trabalhar juntos, e propõem expectativas sobre para onde sua colaboração conduzirá.

Estabelecendo uma situação problemática.

Esta atividade envolve professores, pais e especialistas. O objetivo é analisar coletivamente a situação com relação a necessidades especiais, chegar a um acordo sobre informações importantes relevantes ao planejamento e juntos determinar o que se deve enfatizar na aprendizagem do aluno. Finalmente, eles discutem os papéis de cada um no processo.

Analisando necessidades   100 minutos

Esta atividade pode ser realizada por todo o quadro de pessoal ou por pequenos grupos junto com os consultores. Ela envolve reflexão, debate e consenso do pessoal de ensino.

Primeiro passo

> Trabalhar em pares. Decidir sobre uma tarefa ou projeto que você está realizando atualmente em sala de aula a fim de satisfazer aos alunos com necessidades educacionais especiais. Discutir:
> - O que se entende por necessidades educacionais especiais nesse caso?
> - Que ações estão sendo realizadas para atender a essas necessidades?
> - Que ações são tomadas em relação ao grupo/turma todo(a) de alunos?
> - Que objetivo está sendo buscado com os métodos que você já utiliza?
> - Que recursos pessoais, material, treinamento, etc. estão disponíveis?

Segundo passo

> A. Identificar aspectos relacionados aos objetivos que você espera alcançar por meio do processo de ensino-aprendizagem com relação à turma escolar toda.
>
> B. Discutir e categorizá-los de acordo com o conteúdo.

Terceiro passo

> a) Compartilhar e explicar intervenções sucessivas e também os aspectos relacionados às dificuldades encontradas no ensino.
>
> Intervenções bem-sucedidas: Dificuldades
>
> b) Discutir e classificar essas dificuldades.

Quarto passo

> Dois pares trabalham juntos e cotejam as categorias que resultaram do Segundo passo.
>
> a) O grupo escolhe uma ou duas categorias com as quais trabalhar. Eles encontram informações relacionadas aos aspectos considerados, com os quais eles vão trabalhar, recorrendo a leituras fornecidas pelo consultor.
>
> b) Sugerir possíveis soluções, levando em conta as culturas específicas da escola.
>
> c) Expor as conclusões para todos verem, discuti-las e chegar a um consenso sobre as opções resultantes da discussão.

Avaliando a intervenção dos serviços de apoio

Esta atividade convida os professores a refletirem sobre as abordagens que os consultores usam em seu trabalho com as escolas e os alunos.

Primeiro passo

> – Considerar em pares a intervenção do profissional de serviço de apoio que está fornecendo intervenção direta. Avaliar as atividades listadas.
> – Avaliação das necessidades especiais dos alunos, com base nas entrevistas com o tutor da turma, observação direta em sala de aula e o uso de testes padronizados.
> – Planejamento de uma intervenção em conjunto com o professor – seleção de conteúdo e objetivos, cronograma, etc.
> – Intervenção dentro do contexto do desenvolvimento sendo realizado pela turma escolar: espaço, atividades e assim por diante.
> – Avaliação conjunta com o tutor de turma e outros especialistas intervindo no processo.

Segundo passo

> Considerar em pares a intervenção do especialista de diferentes perspectivas: agentes nos quais ele age, momentos da intervenção, seu efeito ou não-efeito sobre a turma escolar toda, e assim por diante.
> – Generalização de questões individuais de modo a trabalhá-las em nível escolar e aumentar a autonomia dos professores.
> – Avaliação dos alunos com necessidades especiais por meio de entrevistas com o professor de turma, observações em sala de aula e outros contextos.
> – Planejamento da intervenção no contexto de aulas comuns, junto com os professores e outros profissionais.

Terceiro passo

> Comparar as abordagens. Ter em mente questões recíprocas de professor habilitado e alunos bem-sucedidos, e o sucesso de interações sociais e aprendizagem de alunos com necessidades especiais, assim como a turma como um todo.

Esclarecendo papéis 90 minutos

Um grupo de professores, em conjunto com consultores e especialistas, discute os critérios para sua colaboração, o modo como irão trabalhar juntos e propõe expectativas sobre para onde suas expectativas os conduzirão.

Primeiro passo

> Discutir por que vocês estão reunidos. Por que e qual a necessidade de sua colaboração?
> –
> –
> –
> –

Segundo passo

> Discutir e chegar a um acordo sobre os vários objetivos que vocês esperam alcançar juntos.
> –
> –
> –
> –

Terceiro passo

> A. Individualmente, documentar aquilo com que você pode contribuir para a colaboração e como você espera que cada uma das pessoas da equipe contribua.
>
> B. Comparar suas esperanças e expectativas pela contribuição dos outros. Discutir profundamente como cada um de vocês vê seu próprio papel na colaboração e o que você espera de outras pessoas na equipe. Documentar contribuições feitas por várias pessoas da equipe.

Quarto passo

> Discutir com você irá lidar com qualquer diferença referente a sua própria colaboração, opiniões e abordagens diferentes, se surgirem. Como, quando e onde elas serão expressas? Como elas serão discutidas?

Quinto passo

> Concordamos no seguinte:
> - Razões para nossa colaboração:
>   –
>   –
>   –
>
> - Juntos, nós esperamos conseguir:
>   –
>   –
>   –
>
> - As contribuições na colaboração serão principalmente:
>   –
>   –
>   –
>
> - As maneiras como a equipe abordará as diferenças
>   –
>   –
>   –

Recomenda-se que o grupo mantenha os acordos obtidos no Quinto passo para maior reflexão mais adiante.

Estabelecendo uma situação problemática   90 minutos
Um protocolo funcional

Esta atividade envolve professores, pais e especialistas. O objetivo é analisar coletivamente a situação em relação a necessidades especiais, chegar a um acordo sobre informações importantes que são relevantes para o planejamento e, juntos, priorizar o que enfatizar na aprendizagem do aluno. Finalmente, eles discutem os papéis de cada um no processo.

Primeiro passo

> Em pequenos grupos, trabalhar a partir de uma solicitação específica que a escola ou outros tenham feito ao serviço de apoio. Discutir e avaliar a solicitação e chegar a um acordo sobre ela.
> A solicitação:

Segundo passo

Decidir que tipo de informação você precisa sobre as várias questões que podem auxiliar no projeto de uma intervenção global e contextual. Essas podem ser: Após amostragem dos dados, o grupo encontra-se novamente.	Já realizado	Necessário	Não necessário	Pessoa responsável/hora
a) Entrevistas com professores envolvidos no processo de aprendizagem do aluno.				
b) Entrevistas com profissionais envolvidos no processo de aprendizagem do aluno.				
c) Uma entrevista com os pais.				
d) Observação em sala de aula.				
e) Várias avaliações do aluno.				
f) Registros de saúde.				
g) Documentos formais da escola.				
h) Exemplos do trabalho do aluno.				
i) Anotações e registros diários dos professores.				
j)				
k)				

Terceiro passo

O mesmo grupo encontra-se novamente após estudar as informações provenientes dos dados mencionados no Segundo passo. O grupo decide sobre os cinco objetivos mais importantes para o aluno no futuro próximo. Eles são:	
Objetivos	
1.	
2.	
3.	
4.	
5.	

Quarto passo

Discutir e decidir maneiras de cumprir com os objetivos pretendidos. Usar o formulário para o Terceiro passo.

Quinto passo

> Elaboração e monitoramento de diferentes tipos de adaptação do currículo que os alunos podem precisar.
> a) especificar recursos organizacionais, materiais e profissionais da escola para os alunos com necessidades educacionais especiais.
> –
> –
> –
> –
>
> b) Discutir o papel dos professores, pais e especialistas durante as preparações e a implementação.

LEITURA RECOMENDADA

Ainscow, Mel 1999. *Understanding the Development of Inclusive Schools*. London, Falmer.
Buck, Margaret. 1989. Developing a Network of Support. In Ainscow, Mel and Anton Florek. *Special Educational Needs: Towards a Whole School Approach*. London, David Fulton Publishers and The National Council for Special Education.
Porter, G.L. 1991. The Methods and Resource Teacher: A Collaborative Consultant Model. In Porter, G.L. and D. Richler (Eds.). *Changing Canadian Schools: Perspectives on Disability and Inclusion*. Toronto: The Roeher Institute
Porter, G.L. 1997.Critical Elements for Inclusive Schools. In Pijl, S.J.; Meijer, C.J.W.; Hegarty, S.(eds.). *Inclusive Education. A Global Agenda*. London: Routledge.
School District 12. 1985. S*pecial Educational Services: Statement of Philosphy, goals and objectives*. Woodstock. N.B.
Skrtic, T. 1991. Behind *Special Education: A Critical Analysis of Professional Culture and School Organization*. Denver, Colorado, Love Publishing.

19

Desenvolvimento de pessoal

OBJETIVOS DO CAPÍTULO

Após a leitura deste capítulo e o trabalho com suas atividades, você ficará familiarizado com os seguintes aspectos da colaboração e da coordenação:
- a capacidade de os professores de turma e os professores de disciplina iniciarem classes inclusivas;
- como o desenvolvimento do pessoal é dirigido pelo contexto e liga-se aos elementos de escolas inclusivas;
- o valor da colaboração estreita no processo de mudança;
- como a colaboração pode reforçar o trabalho do pessoal não apenas dentro das escolas mas também com os pais e com especialistas externos;
- as várias formas de e abordagens para o desenvolvimento do pessoal;
- a importância do auto-treinamento e do auto-estudo;
- as condições necessárias para o desenvolvimento determinado do pessoal.

RESULTADOS DO ESTUDO

Em termos gerais, desenvolvimento do pessoal refere-se ao crescimento dos professores dentro de sua profissão. Os resultados da pesquisa ETAI proporcionam uma visão clara sobre certos aspectos importantes quanto ao desenvolvimento do pessoal e, na verdade, quanto ao desenvolvimento da escola e dos professores.

Uma das características mais impressionantes foi a grande ênfase nos vários processos de auto-estudo iniciados pelas escolas. Eles não se basearam em apenas uma forma ou modelo de desenvolvimento do pessoal, mas optaram por uma variedade de maneiras de trabalhar. Outro fator importante foi o

grande significado do desenvolvimento do pessoal dirigido pelo contexto. Os seguintes resultados e algumas outras implicações significativas sobre a questão do desenvolvimento do pessoal surgiram da pesquisa ETAI:
- Os professores de turma são muito capazes de iniciar e promover classes inclusivas. Porém, eles precisam ser apoiados para adquirir conhecimento e habilidades.
- Programas de desenvolvimento do pessoal dirigidos pelo contexto não são apenas preferidos, também são vistos como fundamentais para uma educação escolar inclusiva.
- As atividades para o desenvolvimento do pessoal precisam ser abordadas simultaneamente em três níveis: como uma abordagem escolar global, no nível da sala de aula, assim como focalizando as necessidades de alunos individualmente. Esses níveis estão interconectados.
- Uma colaboração estreita dos professores parece levar à sinergia e é, portanto, qualificadora. Dessa forma, o ensino em equipe, em que os professores compartilham responsabilidade total, é recomendado.
- Uma variedade de atividades simultâneas de desenvolvimento do pessoal é preferível a uma abordagem específica. Isso envolve uma mistura de desenvolvimento do pessoal liderada interna e externamente, atividades formais e informais e projetos de longo e curto prazo.
- Em conjunto com várias formas de desenvolvimento do pessoal, a natureza do treinamento precisa abarcar uma variedade de maneiras como reflexão, resolução de problemas, treinamento de pares, negociação, consultas, mentores e supervisão.
- O auto-treinamento e o auto-estudo são extremamente valorizados. Como o acesso ao apoio externo é tão necessário, as escolas precisam contar em grande parte com fontes de força de trabalho e habilidades de dentro delas.
- A transição do conhecimento, das habilidades e da compreensão de um professor para outro precisa ser levada em conta e ser proativa em todos os momentos.

No próximo capítulo, essas conclusões e implicações serão abordadas mais detalhadamente com relação a como elas podem ser ativadas.

IMPLEMENTAÇÃO

O desenvolvimento do pessoal refere-se ao melhoramento do conhecimento, das habilidades e da compreensão dos professores após começarem a lecionar. Refere-se ao pessoal como um todo ou a grupos de professores, mas correlaciona-se com o desenvolvimento de professores assim como com

o desenvolvimento do pessoal. O desenvolvimento do pessoal está sempre ligado a mudança e a progresso. Os seguintes aspectos serão abordados neste capítulo:
- conteúdo do desenvolvimento de pessoal com relação a educação escolar inclusiva;
- abordagens quanto ao desenvolvimento do pessoal;
- fontes de desenvolvimento do pessoal;
- condições, organização e processos.

Conteúdo do desenvolvimento de pessoal com relação à educação escolar inclusiva

Não existe uma receita única para o desenvolvimento do quadro de pessoal com relação à educação escolar inclusiva, pois essa pode ser considerada uma visão que precisa ser apresentada e trabalhada em todos os níveis da escola. Assim, atitudes necessárias devem ser integradas e estabilizadas. Isso envolve o direito de ser um membro integrante da sociedade escolar e ter acesso igual a oportunidades em relação a aspectos sociais, emocionais e cognitivos. Conseqüentemente, a agenda das atividades para o desenvolvimento do pessoal precisa, em primeiro lugar e antes de tudo, abordar essas questões. Após uma compreensão comum e um acordo de princípio básico para abordagens, esses conceitos centrais de inclusão devem ser abordados constantemente.

A noção de que todo aluno tem necessidades pessoais e especiais lança uma luz diferente sobre a organização das escolas, a colaboração, o planejamento curricular, etc. A necessidade de os professores aprofundarem seus conhecimentos e adquirirem novas habilidades torna-se crítica para atender às várias necessidades dos alunos. As classes inclusivas convidam todos os alunos a estudar nelas. Ao fazer isso, clamam por um tipo diferente de sala de aula do que o ensino tradicional. Uma ênfase clara e visível está no currículo social assim como no currículo cognitivo e emocional. A colaboração entre os professores e entre os alunos torna-se uma necessidade e uma qualidade ao mesmo tempo. Conseqüentemente, o pessoal precisa melhorar suas habilidades em seu próprio nível acadêmico, assim como ser capaz de enfrentar demandas da classe inclusiva. Certas áreas de especialização foram identificadas como necessárias e úteis para os professores adquirirem em relação à prática em sala de aula. Elas são a interação social, o planejamento para a inclusão em um nível de sala de aula e em um nível individual, a aprendizagem cooperativa e maneiras de adaptação a objetivos de aprendizagem, maneiras de trabalhar, apreciar e avaliar. Observou-se que a aprendizagem ativa e indutiva, em conjunto com a autonomia dos alunos, é adequada a situações de aprendizagem em salas de aula inclusivas. Além disso, é dado por certo que os professores adquirem habilidades e conhecimento relacionados a necessidades especiais de crianças individualmente, estejam elas ligadas a uma deficiência de algum tipo ou a uma alta habilidade.

As demandas que as classes inclusivas fazem aos professores chamaram a atenção para a importância da colaboração acadêmica dentro das escolas. Isso parece aumentar a segurança dos professores e aumentar sua força e auto-imagem de apoiar uns aos outros estudando, refletindo e resolvendo problemas juntos. Ao compartilhar preocupações e vitórias, eles parecem qualificar-se muito mais facilmente do que quando sozinhos.

Abordagens quanto ao desenvolvimento de pessoal

As atividades para o desenvolvimento de pessoal devem estar baseadas em necessidades identificadas pelos professores para um maior desenvolvimento. Essas necessidades precisam refletir as necessidades dos alunos, individualmente, de grupos de alunos ou da escola como um todo. As necessidades são identificadas, seja antes de certos períodos ou durante a prática diária.

Existem várias maneiras de melhorar o crescimento dos professores dentro de sua profissão, mas nenhuma abordagem ou modelo especial parece ser preferido em relação a outros. Porém, há certos elementos que são considerados de muita importância para uma aprendizagem eficiente. Dois desses elementos referem-se à imensa importância das maneiras auto-iniciadas dos professores de aprender e das abordagens baseadas no contexto.

O auto-estudo, iniciado pelo pessoal, pode tomar muitas formas e está, com maior freqüência, ligado diretamente a sua prática diária com os alunos. A formalidade desse tipo de aprendizagem pode variar. A natureza do estudo determina quantos dos integrantes do quadro de pessoal participam das várias atividades. Dessa forma, dois professores, pequenos grupos ou o pessoal como um todo pode formar grupos de estudo. Essas reuniões são realizadas regularmente. Os professores reúnem-se ao final de cada dia, uma vez por semana ou mais raramente. Quanto menor a freqüência, menor a influência. Durante essas reuniões, os professores levantam várias questões, que são, com grande freqüência, uma reflexão sobre a experiência, o planejamento e a resolução de problemas. O treinamento de pares também provou ser útil quando os professores formam equipes para apoiar uns aos outros. O propósito é buscar soluções e promover uma visão para maior desenvolvimento. Essa colaboração próxima e freqüente e o apoio interno resultaram no fortalecimento da habilidade dos professores de abordar questões que, de outra forma, podem ser difíceis de abordar. Os professores também formam grupos de leitura para estudar literatura de forma colaborativa, refletir sobre ela e encontrar maneiras de adaptá-la e adotá-la em suas próprias circunstâncias.

À medida que a especialização dos professores varia, descobre-se o grande valor de os colegas ensinarem e qualificarem uns aos outros. Um exemplo é de dois professores dentro do estudo ETAI iniciando o ensino em equipe em uma classe inclusiva com alguns alunos com deficiência auditiva. Um dos professores era especialista no ensino de crianças com essa deficiência, mas o outro era especialista no Jenaplan.[1] Formalmente, foi decidido que eles tomariam tempo para compartilhar entre si os principais elementos de sua própria especialização. Apesar de a especialização dos professores talvez não ser tão definida como nesse exemplo, a transferência de habilidades entre colegas é desejável e pode acontecer de maneira menos formal. Um exemplo é o de uma turma de ensino em equipe em que um aluno precisou de atenção constante por causa de necessidades físicas à parte. A escola assegurou a cada ano que pelo menos um dos professores na equipe tivesse ensinado a turma no ano anterior e, assim, uma continuidade de habilidades e conhecimento estava garantida.

O valor do auto-estudo dentro do contexto dos professores mostrou ser enorme. Os professores aprendem a partir da experiência, eles são ativos na melhoria e têm influência, o que parece qualificar o pessoal e aumentar seu comprometimento. Dentro da estrutura do auto-estudo, o pessoal pode beneficiar-se da consulta e do apoio, tanto dos colegas como dos consultores.

Apesar de a riqueza do auto-estudo ser significativa, outras formas de desenvolvimento de pessoal também foram identificadas como importantes. Uma delas é representada pelo fato de que os professores procuram encontrar-se com outras pessoas que já conhecem o aluno em questão como profissionais ou como membros da família. A aprendizagem pode ser feita observando-se a prática e as situações e conversando com pessoas-chave.

Abordagens mais formais para o desenvolvimento do pessoal também são importantes. Elas envolvem várias formas de consulta, supervisão e ensino, geralmente fornecidas por agentes externos. Novamente aqui, o significado de atividades orientadas pelo contexto é ressaltado. Apesar de o apoio externo ser levado para as escolas, é necessário moldar os programas de acordo com as necessidades da escola em questão. Isso é verdadeiro tanto para os projetos de curto como para os de longo prazo.

---

[1] Para leitura adicional: Petersen, Peter. 1980. Der Kleine Jenaplan.

As atividades internas para o desenvolvimento do pessoal orientadas pelo contexto precisam ser conduzidas constantemente. Programas externos são raramente constantes, mas, quando demandados, precisam refletir as necessidades da comunidade escolar e apoiar o trabalho desta. Esses programas devem ser organizados de tal maneira que funcionem juntos e se sobreponham, conforme necessário.

Fontes de desenvolvimento de pessoal

Uma vez que as necessidades de um maior conhecimento, habilidades e entendimento tenham sido identificadas, as escolas procuram por apoio externo quando acham que seu próprio pessoal não possui especialização de determinado tipo. A consulta e a supervisão são ainda mais efetivas quando o pessoal busca assistência externa. Além disso, há a questão de obter conhecimento e habilidades particulares, o que está, com grande freqüência, relacionado a necessidades de alunos individuais, por exemplo, a linguagem Bliss e a linguagem de sinais.

Têm havido algumas tendências a ver o desenvolvimento do pessoal como sendo procurado fora das escolas e trazido para dentro delas. Porém, o valor das próprias habilidades dos professores de qualificar-se durante uma constante reflexão sobre a prática diária pode ter sido subestimado. Existe a visão de que a própria iniciativa colaborativa dos professores de analisar, de resolver problemas e de estudar dentro do contexto da escola é de enorme importância. Além disso, o estudo de documentos e a leitura de literatura são maneiras importantes de se obter conhecimento. Assim, os professores e seu local de trabalho tornam-se a principal fonte para melhoramento.

Os alunos não são vistos apenas como fatores constantes do contexto escolar, mas também como fontes de troca colaborativa de pontos de vista sobre situações e sobre como a vida nas escolas pode ser melhorada. As contribuições que os pais podem dar são de muito valor. Estes são especialistas em seus filhos e, como tais, têm conhecimento, habilidades e compreensão, o que é muito vantajoso para os professores. A colaboração com eles, portanto, é uma via de duas mãos, pois os pais podem consultar e ser mentores dos professores em certos aspectos quanto às necessidades especiais de seus filhos.

Além de fontes internas como os próprios professores, os alunos e os pais, existem várias outras fontes às quais o pessoal tem acesso para melhorar suas habilidades. Entre elas está o pessoal que consiste das pré-escolas dos alunos. Os professores, especialmente ao preparar ou receber alunos com necessidades especiais, podem ganhar muito ao passar algum tempo no jardim de infância e ver como a criança ou as crianças funcionam. Eles também podem obter muitas informações valiosas do pessoal que os ajudarão a preparar a educação escolar de forma mais significativa. Medidas semelhantes são aplicadas para se obter conhecimento em outras escolas, seja porque tais professores haviam lecionado previamente aos alunos em questão seja porque o pessoal nas escolas já havia obtido as habilidades desejadas. Por isso, não é apenas recomendado que os professores compartilhem sua especialização dentro de uma escola, mas também entre escolas.

Os peritos e os especialistas podem fornecer apoio de vários tipos. Eles podem ser membros de serviços de apoio, autoridades educacionais locais, universidades ou de outros lugares. Apesar de ser ressaltado que as principais fontes estão com o próprio pessoal, é importante observar o fato de que os especialistas podem ser as pessoas-chave para trazer novos conhecimentos, habilidades e entendimento para as escolas. Sendo de outra localidade, eles freqüentemente são privilegiados com a habilidade de se distanciar das questões locais e analisar situações com menos preconceitos do que os que estão dentro.

Recursos e processos

O desenvolvimento efetivo do pessoal não acontece sem um propósito e sem esforço. É preciso uma política baseada em necessidades identificadas. As condições e os processos necessários devem estar em ordem quando os diretores e o pessoal das escolas organizam tais atividades. A maioria das atividades para o desenvolvimento do pessoal toca em muitos níveis das funções escolares. Tais projetos precisam de muito fomento e segurança enquanto novas habilidades estão sendo estabelecidas. Também é necessário assegurar consistência uma vez que as melhorias tenham sido estabelecidas.

Os recursos são de vários tipos. Apenas alguns serão abordados aqui, tais como força de trabalho, fundos e tempo disponível. Os aspectos do processo podem ser iniciativa, responsabilidade e coordenação.

A força de trabalho relaciona-se não apenas a participantes, mas também àqueles que podem ser provedores de conhecimento, apoio, coordenação ou que podem agir como professores substitutos. Com freqüência, tem sido problemático encontrar tempo suficiente para o pessoal se reunir. Em geral, pode-se dizer que o tempo nas escolas para várias tarefas nunca será suficiente. Ele pode ser visto como uma oportunidade, ou como uma limitação. Portanto, o pessoal precisa analisar o uso do tempo disponível e reorganizá-lo de acordo com as necessidades. Um exemplo pode ser tomado de uma escola catalã onde o diretor fez uma reorganização, reduzindo o tempo de natureza administrativa a fim de aumentar o tempo dos professores para o trabalho pedagógico.

Os processos são igualmente importantes. Pode-se discutir sobre que processos e planejamento sólidos formam parte das condições essenciais para um desenvolvimento efetivo do pessoal.

O esclarecimento dos papéis quanto a iniciativa, responsabilidade e coordenação é essencial. Algumas pessoas dentro do quadro de pessoal precisam ter uma visão geral da situação global enquanto outras são conhecedoras de partes dos programas. Achou-se ser uma prática sólida indicar um coordenador para ser responsável pela condução diária de vários programas. Este pode distribuir papéis e tarefas a outros membros do pessoal. O coordenador tem uma visão geral e, ao mesmo tempo, providencia provisões e dissemina informações, encoraja, apóia e identifica necessidades.

Desnecessário dizer que tempo e energia precisam ser gastos para identificar as necessidades dos alunos e do pessoal. Isso geralmente é feito por algum tipo de pesquisa, formal ou informal. Assim, questionários, entrevistas, observações ou reflexões poderiam todos levar igualmente ao desenvolvimento do pessoal. Uma vez que as necessidades tenham sido identificadas, uma segunda fase aborda que conteúdo será enfocado, quem participará e que meios serão mais eficazes para a aprendizagem de tal conteúdo. Recomenda-se que um plano holístico seja preparado a partir da política da escola para o desenvolvimento do pessoal, mas também que um plano de ação seja feito para cada atividade, independente da duração do projeto. O registro de dados e a avaliação, assim como o apoio e o *feedback*, são partes do processo, as quais tiveram alta consideração. Ao promover atividades de auto-estudo dentro das escolas, os professores obtêm apoio como um fator integrado da ação reflexiva e da resolução de problemas.

A questão da consistência para os professores e os alunos, assim como a transferência de habilidades e conhecimento de um professor para outro é muito importante. Como dito anteriormente, as escolas inclusivas são caracterizadas por um currículo social forte. Dessa forma, as escolas são comunidades de envolvimento e participação. Para manter a política de inclusão, os líderes precisam garantir que a consistência seja assegurada em todos os níveis. Isso pode ser feito organizando-se a transferência sistemática de conhecimento entre o pessoal.

ATIVIDADES

O propósito das seguintes atividades é auxiliar o pessoal e os professores estudantes a abordar a questão do desenvolvimento do pessoal em vários níveis. Cada atividade levará a resultados em termos de ações, elaboração de políticas, planos de ação ou outros tipos de conclusões. O pessoal pode trabalhar em todas as atividades em qualquer ordem desejada, ou pode escolher uma ou duas atividades que sejam mais relevantes para eles.

As necessidades dos professores em relação às necessidades dos alunos

A primeira atividade convida os professores a construírem uma ponte entre as necessidades dos alunos e suas próprias necessidades para maior desenvolvimento do pessoal. Os professores poderiam concentrar-se nas necessidades de um aluno específico ou em grupos de alunos. Após identificar as necessidades dos alunos, eles se concentram nas habilidades, conhecimento e atitude que lhes parecem necessárias ao pessoal. Finalmente, os professores discutem uma forma preferível de educação continuada e quem seria capaz de fornecê-la. (60 minutos)

Sessão reflexiva no final de um dia

Esta segunda atividade concentra-se nas práticas positivas que os professores identificaram. Eles analisam as razões para o sucesso. Os métodos para essa experiência são usados para transformar questões de menor sucesso em questões mais progressivas. Os professores escolhem uma tarefa em particular e planejam melhorias. (60 minutos)

Grupos de estudo

Esta terceira atividade pretende ajudar na formação grupos de estudo efetivos. São abordadas questões práticas, como a freqüência de reuniões, a duração e a quantidade de trabalho, a coordenação, etc. É dada atenção a várias formas de condução de tais grupos. A atividade termina com o planejamento da ação. (60 minutos)

Bem-estar dos alunos

A atividade inicia com uma sessão curta em que o grupo decide sobre como obter dados dos alunos para trabalho adicional. Os alunos deverão nomear uma ou duas coisas que gostariam de ver melhoradas dentro da escola. Os professores trabalham com os dados e discutem como a escola poderia atender às necessidades que os alunos expressaram. No final, os professores podem redigir um plano de ação, preferencialmente com o envolvimento dos alunos. (100 minutos)

Reflexão sobre a reflexão

Esta atividade encoraja os professores a refletirem sobre como eles trabalham juntos. Eles se concentram em maneiras de trabalhar nas sessões, na natureza das conversas, nos resultados das sessões e na atitude geral. No princípio, eles refletem individualmente e, depois, reúnem seus pontos de vista para discussão e maior desenvolvimento. (60 minutos)

Transferência de nova aprendizagem à sala de aula

Esta atividade divide-se em duas partes. Ela convida os professores a trazer amostras de informações de várias fontes sobre aspectos importantes. Os alunos, os pais, os especialistas e os próprios professores fornecerão as informações. Durante a primeira parte, os professores reúnem as informações. Na segunda parte, estudam as informações, interpretam-nas e planejam maior desenvolvimento. Recomenda-se que esta atividade cubra o período de duas semanas a cada vez.

As necessidades dos professores em relação às necessidades dos alunos — 60 minutos

Primeiro passo

Trabalhar em pares ou em pequenos grupos. Ter em mente um aluno específico ou um grupo de alunos. A primeira tarefa é participar de um *brainstorming*, listando randomicamente, sem qualquer discussão, as necessidades do aluno ou dos alunos do modo como você as conhece agora. Papéis para consulta já expondo as necessidades podem ajudar.

Necessidades	Categorias

Após listar as necessidades, tentar encontrar semelhanças entre elas e classificar essas necessidades. Você poderá usar cores ou números para agrupá-las e seguir em frente nomeando categorias à medida que prossegue.

Segundo passo

Escrever os tópicos das categorias abaixo. Escolher uma categoria e discutir que atitude, conhecimento e habilidades os professores e outros membros do pessoal precisarão ter a fim de atender às necessidades identificadas dos alunos.

Categorias	Habilidades necessárias em relação a uma categoria
–	
–	
–	
–	
–	
–	
–	
–	
–	
–	
–	

Terceiro passo

A. Marcar as habilidades acima, as quais você acha que o pessoal já adquiriu.

B. Concentrando-se nas questões em que você pode achar que o pessoal precisa desenvolver habilidades adicionais, discutir que forma de desenvolvimento de pessoal você preferiria. Além disso, discutir quem tem probabilidade de fornecer educação adicional ao pessoal. Ter em mente os especialistas externos, assim como os membros do pessoal em sua própria escola.

Quarto passo

O passo final é implementar suas sugestões.
A. Ou você entrega essa atividade envolvendo suas reflexões e sugestões ao diretor ou ao coordenador, ou

B. Vocês se reúnem novamente e fazem seu próprio plano de ação. Ver apêndice... para o formulário de planos de ação.

Sessão reflexiva ao final de um dia 60 minutos
Primeiro passo

> Os professores que lecionaram juntos durante o dia, ou lecionaram separadamente para os mesmos alunos, encontram-se no final da jornada. Eles discutem o progresso do dia em relação aos aspectos social, emocional e cognitivo. Isso pode referir-se a métodos, relacionamentos, iniciativa, comportamento, aprendizagem ou qualquer coisa que você achar importante. A ênfase está na reflexão, mas apenas com o propósito de um planejamento adicional.
>
> A. Nomear questões e eventos com os quais você ficou satisfeito.
> –
> –
> –
> –
> –
>
> B. Identificar a razão para sucessos, colocá-los em palavras e anotá-los.

Segundo passo

> Refletir agora sobre questões e eventos que não foram tão bem como você gostaria. Anotá-los.
> –
> –
> –
> –

Terceiro passo

> Escolher uma questão que você nomeou no Segundo passo. Discutir e analisar por que as coisas não aconteceram conforme o antecipado. Fazer um plano para melhorias. Verificar o que você disse no Primeiro passo quando identificou as razões para os sucessos e ver se isso pode ajudá-lo a resolver o problema.
> Primeira etapa:
>
> Segunda etapa:
>
> Terceira etapa:
>
> Transferir o problema e o plano de resolução de problemas para seu registro diário sobre a turma. Consultar essas anotações dentro de duas semanas para avaliar o progresso.

Grupos de estudo

Esta atividade ajudará grupos de estudo a iniciar e a se organizarem.

Primeiro passo

A. Identificar os participantes em um grupo de estudo. O grupo poderia consistir de dois professores, mas poderia também envolver o diretor, um coordenador, os pais, especialistas externos ou até mesmo todo o pessoal.

B. O que o grupo estudará?

C. Como a aprendizagem ocorrerá?

D. Quais são os resultados desejados do estudo? Esclarecer isso em termos de habilidades, atitude, conhecimento e compreensão.

Segundo passo

Discutir e decidir sobre questões práticas como:
- Por quanto tempo o grupo funcionará?
- Com que freqüência ele se reunirá?
- Quanto tempo durarão as reuniões?
- Onde o grupo se reunirá?
- Decidir sobre o tempo mínimo gasto com tarefas entre as reuniões.
- Estimar a proporção desejada de insumos externos e internos.
- ndicar o coordenador do grupo.
-
-

Terceiro passo

Discutir várias formas possíveis pelas quais o grupo de estudo trabalhar. Adicionar a esta tabela. Decidir sobre o formulário ou formulários que seriam adequados a seu grupo.

Uma pessoa lê um artigo ou um capítulo antes de uma reunião e relata aos outros em uma outra reunião.		Decidir sobre um foco. Dois membros farão uma entrevista e trarão os resultados para a próxima reunião para reflexão.
	Um ou dois membros trazem para uma reunião um problema para o grupo resolver relacionado ao que o grupo tem aprendido até o momento.	O grupo todo lê o mesmo texto antes de uma reunião. Na reunião, eles refletem sobre ele.
Um perito externo, um especialista ou um pai proporciona insumos, papel, conversa e então junta-se ao grupo na discussão.		Decidir sobre o foco para observações. Dois ou três membros do grupo trabalham entre reuniões e trazem os resultados para a próxima reunião, sobre os quais o grupo refletirá.

Quarto passo

> Escolher dois do grupo para redigir um plano de ação para o grupo de estudo antes de vocês se reunirem novamente. Ele será baseado nas discussões e decisões que vocês tomaram durante essa sessão.

O bem-estar dos alunos   100 minutos

Esta atividade é realizada em duas sessões. Primeiramente, ocorrerá uma reunião curta, de 20 minutos no máximo, onde o grupo organiza como as entrevistas devem ser conduzidas. Durante a segunda reunião, os professores reunirão dados das entrevistas e responderão a eles.

O objetivo é os professores buscarem os pontos de vista dos alunos em sua situação social e emocional na escola. Com base nos dados, os professores confeccionam políticas para responder a suas necessidades. Esta atividade é adequada para grupos ou para todo o pessoal. Um ou dois professores poderia realizá-la, mas eles desejariam entrevistar mais de um aluno.

Primeiro passo

> Um grupo de professores prepara-se para conduzir entrevistas com os alunos. A seguinte pergunta lhes será feita: "Você poderia nomear um ou, preferencialmente, dois aspectos da escola que precisam ser melhorados? Isso pode referir-se a suas próprias necessidades ou às necessidades dos outros. Você pode ter em mente relacionamentos, quão bem você se sente em relação a....ou algo que tenha a ver com a aprendizagem."
>
> Discutir o seguinte:
> - Que grupo ou grupos de alunos você abordará?
> - Como você abordará os alunos?
> - Como você registrará as respostas?
> - Como você reunirá as respostas?
> - Os dados serão resumidos antes que o grupo se reúna novamente?
> - Indicar um coordenador para essa atividade.

Segundo passo

> A agenda para a segunda reunião é conduzir os desejos dos alunos para uma vida melhor juntos. Isso pode ser feito distribuindo-se todas as respostas a pequenos grupos, os quais dividiriam as respostas em categorias. Os grupos gastam 10 minutos criando categorias. O coordenador demanda categorias e anota-as numa folha de papel grande na parede para todos verem. Ele ou ela anota as respostas sob os tópicos.

Terceiro passo

As categorias são distribuídas novamente aos pequenos grupos, uma para cada grupo.
O tópico para essa categoria é:
Respostas:
– –
– –
– –

Discutir habilidades, conhecimento e atitude necessárias de qualquer integrante do pessoal a fim de atender àquelas necessidades. Listá-las abaixo:
–
–
–
–
–

Quarto passo

Voltar à lista de habilidades que você listou na Terceira etapa. Quais desses aspectos podem estar faltando em seu pessoal? Marcá-las na lista acima.

Quinto passo

Escolher um aspecto e fazer um plano de ação para o desenvolvimento do pessoal. Considerar como os próprios alunos poderiam estar envolvidos na formação de melhorias e, portanto, serem uma parte do processo de desenvolvimento do pessoal. Discutir como o plano de ação pode ser apresentado aos alunos.
Entregar as anotações e o plano de ação ao diretor ou ao coordenador do desenvolvimento do pessoal para promoção adicional.

Reflexão sobre a reflexão   60 minutos

A reflexão sobre a prática parece ser um fator-chave para o desenvolvimento adicional. A reflexão sobre a reflexão também parece ser importante. Os próprios professores precisam estar cientes do progresso durante essas sessões e de como são úteis. Sugere-se que o pessoal tome tempo pelo menos uma vez por mês para revisar vários aspectos das sessões reflexivas regulares que eles promovem. Existem várias maneiras de fazê-lo. Uma é gravar em fita uma parte de uma reunião e analisar em uma sessão diferente a natureza das conversas. Outra maneira é refletir sobre os vários aspectos e discutir o grau de satisfação do pessoal com a situação atual.

Primeiro passo

Individualmente, marcar a lista a seguir. Adicionar ou excluir da lista, conforme julgar adequado. **1** significa pouco ou raramente, **4** significa muito ou freqüentemente.

Lista de verificação para avaliar o valor das sessões reflexivas	Pontos − +			
Maneiras de trabalhar nas sessões:	1	2	3	4
Insumos de todos				
Iniciativas mostradas por todos				
Participação de todos				
Responsabilidade				
Colaboração				
Coordenação				
Natureza das conversas:				
Reflexiva				
Resolução de problemas				
Planejamento				
Resultados das sessões:				
Tomada de decisão				
Elaboração de políticas				
Progresso				
Novas maneiras de entendimento				
Mudanças de práticas				
Alunos beneficiam-se de nossas sessões reflexivas				
Atitude geral:				
Satisfeito em geral				
Sinto que minhas opiniões são valorizadas				

Segundo passo

Reunir os resultados de todas as listas. Interpretar os dados e discutir o que isso significa para desenvolvimento adicional das sessões reflexivas.
Se você decidir fazer alguma mudança, assegure-se de documentá-las para avaliação posterior.

Transferência de nova aprendizagem para a sala de aula

É necessário para um professor ter maneiras de saber seu grau de sucesso nas várias tarefas que realiza em sala de aula. Isso é ainda mais necessário quando há mudanças sendo promovidas. A seguinte atividade de auto-avaliação ajudará os professores individualmente e o pessoal como um todo a saber quão bem a nova aprendizagem, o comportamento ou os métodos diferentes estão sendo estabelecidos dentro da sala de aula. Para ajudar o professor a obter um *feedback* confiável e uma base sólida sobre a qual refletir, ele ou ela precisará adquirir informações de várias fontes.

Primeira parte. Primeiro passo

Decidir sobre o enfoque para investigação. Estabelecer períodos para informação por amostragem e escolher parceiros para trabalhar com você. Esses seriam um aluno ou alunos, um colega ou talvez um agente externo, como um pai ou um consultor. A natureza do conteúdo determinará o grau de amplitude em que você procurará auxílio. Certifique-se de que todas as reuniões sejam breves, que as maneiras de obter informações sejam concisas e, ao mesmo tempo, o mais simples possíveis.

Segundo passo

Fazer comentários em seu próprio registro diário por um período curto de tempo. Podem ser anotações numa parte da aula, em três diferentes ocasiões.

Terceiro passo

Pedir a um ou mais alunos para obterem informações para você dentro do enfoque em que você está trabalhando. Isso pode ser feito através de perguntas específicas privadas; eles podem preencher uma folha de observação durante uma aula, em algumas ocasiões. Lembrar que isso precisa ser feito da forma mais simples possível e sem tomar muito tempo.

Quarto passo

Pedir a um colega para visitá-lo em uma das aulas em que você está fazendo anotações no registro diário. Antes da observação, você terá informado ao seu colega sobre o enfoque da observação. Lembrar que ele não deve emitir julgamento, mas sim emprestar seus olhos e ouvidos para obter informações. Espera-se que ele tome notas durante a observação.

Segunda parte. Quinto passo

Após seu colega ter observado uma aula, ele se junta a você em uma reunião. Você lê suas anotações enquanto ela lê suas anotações no registro diário e o *feedback* de seus alunos. Juntos, vocês avaliam a situação e identificam o progresso e, com sua ajuda, você planeja um maior desenvolvimento.

Recomenda-se que esse processo seja repetido a cada duas, três ou quatro semanas, dependendo das demandas e da quantidade de mudanças envolvidas.

LEITURA RECOMENDADA

Adelman, Clem og Robin I. Alexander. 1982. *The Self-Evaluating Institution. Practice and Principles in the Management of Educational Change*. London, Methuen.
Arcaro, Jerome S. 1995. *Teams in Education. Creating an Integrated Approach*. London, Kogan Page.
Davies, Ivor. 1981. *Instructional Technique*. New York, McGrawHill.
Fullan, Michael og Susan Stiegelbauer. 1991. *The New Meaning of Educational Change*. London, Cassell.
Jones, Kevin; Quah May Ling; Tony Charlton. 1999. Professional Development in Response to Problems in Primary and Special Schools in Singapore. *Journal of In-service Education*. Vol.25, No. 1, p. 55 – 68.
Joyce, Bruce og Showers, Beverly. 1988. *Student Achievement through Staff Development*. London: Longman.
Oldroyd, David. 1985. The Management of School-based Staff Development at Priory School. *British Journal of In-service Education*. Vol. 11. No. 2, p. 82-90.
Roberts, Isobel. 1994. Achieving A Clear Focus: Whole School Planning. In Bayne-Jardine, Colin og Peter Holly (eds.). *Developing Quality Schools*. London: Falmer Press.
Stenhouse, Lawrence. 1975. *An Introduction to Curriculum Research and Development*. London: Heineman.
Schön, Donald. 1987. *Educating the Reflective Practitioner*. San Francisco, Jossey-Bass.
Smith, Kim. 1998. School Models of Teacher Development: Two cases for reflection. *Teacher Development*. Vol.2. No.1, p. 105 –122.

Referências

Adelman, Clem og Alexander, Robin I. 1982. *The Self-Evaluating Institution. Practice and Principles in the Management of Educational Change*. London, Methuen.
Ainscow, Mel 1999. *Understanding the Development of Inclusive Schools*. London, Falmer.
Arcaro, Jerome S. 1995. *Teams in Education. Creating an Integrated Approach*. London, Kogan Page.
Bayliss, P. 1988. Models of complexity: theory-driven intervention practices. *Theorising special education*. C.Clark, A. Dyson and A. Millward. London, Routledge.
Bearne, Eve. 1996. *Differentiation and diversity in the primary school*. London, Routledge.
Berger, Eugenia Hepworth. 1995. *Parents as Partners in Education. Families and Schools Working Together*. New Jersey, Merill.
Brunswick, N. 1994. *Best Practices for Inclusion*. New Brunswick, Canada, Department of Education, Student Services Branch.
Buck, Margaret. 1989. Developing a Network of Support. In Ainscow, Mel and Anton Florek (eds). *Special Educational Needs: Towards a Whole School Approach*. London, David Fulton Publishers and The National Council for Special Education.
Davies, Ivor. 1981. *Instructional Technique*. New York, McGrawHill.
Epstein, J.L. 1995. *School/Family/Community Partnerships*, Caring for the Children We Share. *Phi Delta Kappan*, 76, 9:701-712.
Europe. 1998. *The education systems in member states: Chapter 10, Special education*. http://www.european-agency.org/Eurybase/Files/dossier.htm, European Agency for Special Education.
Falvey, Mary A., Marsha Forest, Jack Pearpoint, and Richard L. Rosenberg. 1994. Building Connections. *In Creativity and Collaborative Learning: A Practical Guide to Empowering Students and Teachers*. Ed.: Jacqueline S. Thousand, Richard A. Villa & Ann I. Nevin. Baltimore, Paul H. Brookes.

Ferguson, Dianne. 1996. Chapter 2. *Creating tomorrows schools today: Stories of inclusion, change and renewal.* M.Berres, D. Knoblock, D. Ferguson and C. Woods. New York, Teachers College Press.

Fullan, Michael G. with Suzanne Stiegelbauer. 1991. *The New Meaning of Educational Change* (2nd ed.) London, Cassell.

Gartner, A. and D. K. Lipsky. 1987. "Beyond special education: Toward a quality system for all students." *Harvard Educational Review* 57(4):367-395.

Giangreco, M.F. 1997. "Key lessons learned about inclusive education. summary of the 1996 Schonell Memorial Lecture." *International Journal of Disability, Development and Education* 44(3): 193-206.

Giangreco, M. F., C. Cloninger, and V.S. Iverson. 1998. *Choosing Outcomes and Accommodations for Children. (COACH): A guide to planning inclusive education.* (2nd ed.) Baltimore, Paul H. Brookes Publishing CO.

Harding J og Meldon Smith. 1999. *How to make Observations and Assessments.* Bath, The Bath Press.

Hart, Susan.1996. *Differentiation and the secondary curriculum. Debates and dilemmas.* London, Routledge.

Helping Students Develop their IEPs. NICHY Technical Assistance Guide. #TA2, December 1995. http://www.nichy.org/pubs/stuguide/ta2book.htm

Holly, Peter and Southworth, Geoff. 1989. *The Developing school.* London: The Falmer Press.

Hopkins, David. 1985. *A Teacher's Guide to Classroom Research.* Milton Keynes, Open University Press.

Hopkins, David. 1989. *Evaluation for School Development.* Milton Keynes, Open University Press.

Horsley, S og L. Herger. 1985. *An Action Guide to School Improvment.* Alecandria, ASCD Publication http://www.innotts.co.uk/~colinn/circle9.htm (26th May 2001)

Johnson, David, W. and Roger T. Johnson. 1991. *Learning Together and Alone. Co-operative, Competitive and Individualistic Learning.* (3rd ed.). Boston: Allyn and Bacon.

Johnson, David, W. and Roger. T. Johnson. 1999. *Learning Together and Alone: Cooperative, Competitive, and Individualistic Learning.* 5th Edition. Boston: Allyn and Bacon.

Jones, Kevin, Quah May Ling, Tony Charlton. 1999. Professional Development in Response to Problems in Primary and Special Schools in Singapore. *Journal of In-service Education.* Vol.25, No. 1, p. 55 – 68.

Joyce, Bruce og Beverly Showers. 1988. *Student Achievement through Staff Development.* London, Longman.

Joyce, Bruce, Marsha Weil with Emily Calhoun. 2000. *Models of Teaching* (6th ed.) Boston, Allyn and Bacon.

Lang, Grega and Chris Berberich. *All Children are Special. Creating the Inclusive Classroom.* Main, Stenhouse Publishers.

Lipsky, D. K. and A. Gartner. 1998. "Taking inclusion into the future." *Educational Leadership* 58:78-81.

Lunt, Ingrid and Brahm Norwich. 1999. *Can Effective Schools be Inclusive Schools?* London, Institute of Education University of London.

Meijer, Cor J. W., Sip Jan Pijl, et al., Eds. 1994a. *New Perspectives in Special Education. A Six-Country Study of Integration*. London, New York, Routledge.

Moyles, Janet R. 1989. *Self-evaluation - A Primary Teachers Guide*. Windsor, NFER Nelson

Newton, G. Taylor og Wilson D. Circles of friends. http://www.innotts.co.uk/~colinn/circle9.htm 27th May 2001

O'Brien, J. and M. Forest. 1989. *Action for inclusion: how to improve schools by welcoming children with special needs into regular classrooms*. Toronto, Inclusion Press.

OECD. 1993. *Active life for disabled your. Integration in the school*. Paris, CERI.

OECD. 1999. *Inclusive education at work*. Paris, Organisation for Economic co-operation and Development.

Oldroyd, David. 1985. The Management of School-based Staff Development at Priory School. *British Journal of In-service Education*. Vol. 11. No. 2, p. 82-90.

Pearpoint, J., M. Forest, & J. O'Brien. 1990. MAPs, Circles of Friends, and PATH. In S. Stainback & W. Stainback (Eds.), *Inclusion: A guide for educators*. Baltimore, Paul H. Brookes.

Perske, Robert. 1988. *Circle of Friends*. Nashville:Abington Press.

Peter Petersen. 1971. *Führungslehre des Unterrichts*. 10 Auflage. Weinheim, Beltz.

Peter Petersen. 1980. *Der kleine Jenaplan*. 56. - 60. Auflage, Weinheim, Beltz.

Pijl, Cor S. J. and C. J. W. Meijer. 1991. "Does integration count for much? An analysis of the practices of integration in eight countries." *European Journal of Special Needs Education* 6(2):100-111.

Porter, G. L. and D. Richler. 1991. *Changing Canadian schools: perspectives on disability and inclusion*. North York, Canada, Roeher Institute.

Porter, G.L. 1991. The Methods and Resource Teacher: A Collaborative Consultant Model. In Porter, G.L. and Richler, D. (Eds.) *Changing Canadian Schools: Perspectives on Disability and Inclusion*. Toronto, The Roeher Institute

Porter, G.L. 1997. Critical Elements for Inclusive Schools. In Pijl, S.J.; Meijer, C.J.W.; Hegarty, S.(eds.). *Inclusive Education. A Global Agenda*. London: Routledge.

Roberts, Isobel. 1994. Achieving A Clear Focus: Whole School Planning. In Bayne-Jardine, Colin og Holly, Peter (eds.). *Developing Quality Schools*. London, Falmer Press.

Sanders, J.R. 1992. *Evaluating School Programs. An Educator's Guide*. Newbury Park, Corwin Press.

Savolainen, Hannu, Kokkala, Heikki & Hanna Alasuutari. 2000: *Meeting Special and Diverse Educational Needs*. Helskinki, Ministry for Foreign Affairs.

Schön, Donald. 1987. *Educating the Reflective Practitioner*. San Francisco, Jossey-Bass.

School District 12. 1985. *Special Educational Services: Statement of Philosophy, goals and objectives*. Woodstock. N.B.

Sherwood, S. K. 1990. A circle of friends in a 1st grade classroom. *Educational Leadership,* 48(3), 41.

Silberman, Charles E. 1973. *The Open Classroom Reader*. New York, Vintage Books.

Skrtic, T. 1991. Behind *Special Education: A Critical Analysis of Professional Culture and School Organization*. Denver, Colorado, Love Publishing.

Slavin, Robert E. 1990. *Co-operative learning - Theory, Research and Practice*. Massachusetts, Allyn and Bacon.

Smith, Kim. 1998. School Models of Teacher Development: Two cases for reflection. *Teacher Development*. Vol.2. No.1, p. 105 –122.

Smith, T.E.C., E. A. Polloway, E.J.R. Patton, C. A. Dowdy. 1998. *Teaching students with special needs in inclusive settings*. 2nd edition. Boston: Allyn and Bacon.

Special Education. Individual Education Planning for Students with Special needs. http://bced.gov.bc.ca/specialed/iepssn/writeiep.htm

Stainback, S. and W. Stainback, Eds. (1996). *Inclusion. A guide for educators*. Baltimore, Paul H. Brookes.

Stenhouse, Lawrence. 1975. *An Introduction to Curriculum Research and Development*. London, Heineman.

Thomas, G. 1997. "Inclusive schools for an inclusive society." *British Journal of Special Education* 24(3): 103-107.

Thomas, G., D. Walker, et al. 1998. *The making of the inclusive school*. London, New York. Routledge.

UNESCO. 1995. The *Salamanca Statement and a Framework on Special Needs Education*. Paris, UNESCO.

Vygotsky, Lev Semjonowitsch. 1986. *Thought and Language*. Revised translation by A. Kozulin, Ed. Cambridge, MA: MIT Press.

Vygotsky, Lev Semjonowitsch. 1988. *Denken und Sprechen*. Frankfurt am Main: Fisher Taschenbuch Verlag.

Zollers, N. J., A.K. Ramanathan, et al. 1999. "The relationship between school culture and inclusion: how an inclusive culture support inclusive education." *Qualitative Studies in Education* 12(2):157-174.